成长也是一种美好

无人公司

打造未来超级商业体

李智勇 ◎ 著

人民邮电出版社

北京

图书在版编目（CIP）数据

无人公司：打造未来超级商业体 / 李智勇著 .

北京 ： 人民邮电出版社， 2025. -- ISBN 978-7-115

-66682-6

Ⅰ．F272

中国国家版本馆 CIP 数据核字第 20255U5P77 号

◆ 著 李智勇

责任编辑 王 微

责任印制 周昇亮

◆人民邮电出版社出版发行　　北京市丰台区成寿寺路 11 号

邮编 100164　　电子邮件 315@ptpress.com.cn

网址 https://www.ptpress.com.cn

涿州市京南印刷厂印刷

◆ 开本：720×960　1/16

印张：13.5　　　　　　　　　2025 年 5 月第 1 版

字数：150 千字　　　　　　　2025 年 10 月河北第 3 次印刷

定　价：69.80 元

读者服务热线：（010）67630125　印装质量热线：（010）81055316

反盗版热线：（010）81055315

人工智能的飞速发展不仅会影响个人生活，也会影响企业。书中提到的无人公司，从技术角度看是一种实现了自反馈的多智能体系统，这是否就是企业的未来形态还需要实践检验，但把这种多智能体系统和企业的经营管理相结合是一个很有价值的探索方向。

郑纬民
中国工程院院士

每次重大的技术革命都会引起生产组织形态的变化。AI 时代的公司会是什么样的？李智勇在本书中所做的探索值得被认真对待。

张维迎
北京大学国家发展研究院博雅特聘教授

企业的日常活动是否可以全由 AI 智能体负责？未来 AI 和人的角色边界又在哪里？作者在书中结合技术和实践，给出了自己的思考。关注 AI 会如何影响企业的人，从中可以获得相当多的启发。

黄　卓
北京大学国家发展研究院教授、副院长、BiMBA 商学院院长智勇在 AI 时代对"企业现代化"进行了深入思考，看到了组织中生产关系的深刻变化，为未来的企业、企业中的个人发展提出了切实可行的建议。未来已来，科技的发展不以个人意志为转移，感谢作者的真知灼见，希望每一位读者都能在历史的巨变中找到新的定位。

李大海
面壁智能首席执行官

在本次 AI 浪潮中，很有意思的是，国外确实出现了一些营收增长很快的企业级产品。希望本书的思路能够促进国内 AI 企业应用生态的形成。

李　岷
虎嗅创始人

智勇是我在北京大学国家发展研究院的同学。一起上课的时候，他经常会有一些新奇的视角。彼时身处传统制造业的我，难免认为这些想法有点天方夜谭。但我没有料到的是，AI 竟来得如此迅猛，让我不得不去思考 AI 到底会对企业的经营产生什么样的影响。正在我迷茫的时候，智勇的新书刚好出炉，给了我非常大的启发。

AI 的迅猛发展，使社会结构与人们的生活方式发生了巨变，随之给企业带来的影响注定是深层次和全方位的。在这一点上，公司、AI 与人的关系是最让人着迷的部分。AI 与人在企业中不是非此即彼的关系，但也一定不会再和过去一样。

本书比较系统地描述了未来企业的一种可能性，相信会对每位思考过这个问题的企业负责人有所启发。

王　佳
惠达卫浴股份有限公司总裁

必然而然与人之意义

当我拿到这本书稿时，恰逢无人驾驶网约车在武汉迎来了订单量的爆发式增长。似乎是为了呼应本书探讨的主题，曾经只存在于科幻电影中的无人驾驶汽车，如今开始驶入市民的日常生活。不同于具备自动驾驶功能的汽车，无人驾驶网约车是基于自动驾驶功能提供出行服务的。这是现实中出行服务垂直领域"无人公司"的雏形之一。这类新形态的无人公司将与网约车、出租车展开竞争。无人驾驶网约车除了具有成本、服务时间与服务态度等多方面优势，更本质的特点在于它背后的公司模式具有能被彻底改变的基因，在进化上向前迈了很大一步。

"无人公司"究竟是什么？目前似乎还无法准确定义。它类似于一台融合首席执行官、高管、部门领导、业务主管、基层员工等多种角色的"超级电脑"。这类 AI 智能体（AI Agent）随时待命，持续监测运行中的错误，并及时解决问题。在 AI 智能体之上，还有一个由人类掌控的 AI

超级中心，负责整体调度。当我们将无人公司置于企业组织进化演变的视角下加以审视时，便会发现它并非凭空出现，而是有迹可循。从早期沃尔玛的物流配送系统、思科的 ERP（Enterprise Resource Planning，企业资源计划）系统，再到互联网时代的谷歌、特斯拉超级工厂、网约车平台、外卖平台，以及当下垂直领域中无人仓储、无人配送、无人餐厅、无人驾驶出行服务等的涌现，都是对无人公司这一组织形式从"误打误撞"到"有意为之"的探索和尝试。

作者在前言中写道："2022 年年底之前，无人公司非常难做，直到 ChatGPT 的出现。以 ChatGPT 为代表的 AI 大模型和过去很不一样的地方，不是它可以生成各种酷炫的图片或古诗，而是它可以参加考试。参加考试代表了某种类似于人类的'思维'，这意味着 AI 逐渐可以在某些岗位上扮演人类的角色。我自己在工作中尝试构建这样的系统的同时，也发现开源社区中类似的尝试越来越多。这让人清晰地感觉到，我们越来越贴近一场本质性的公司变革。"本书正是基于这样的认知及探索而进行实践与总结的。作者甚至认为，"无人公司所代表的公司进化方向，与现有依靠大规模组织人力进行公司运转的方向之间，必有一搏。当下无人公司可能会限于技术能力不足，还在缓慢地进化和增长，但已改变的基因使得它的增长潜力呈指数型"。

意大利哲学家贝奈戴托·克罗齐（Benedetto Croce）曾说："一切历史都是当代史。"正如 18 世纪自给自足的小农经济无法抵挡大工业生产的猛烈冲击一样，农业文明逐步进化为工业文明，公司取代了家族企业。同理，当下占据主流的传统公司也无法抵挡以无人公司为代表的智能公司的全面冲击，工业文明正向智能文明演变，智能公司必将取代传统公司。

美国麻省理工学院的教授赛斯·劳埃德（Seth Lloyd）曾说："虽然是谬误，却比以往更靠谱。"相较之下，人类的基础生物特征与工作对智能体的要求并不匹配，而无人公司的每一个特征都与工作对智能体的要求高度契合。无人公司无须在代际切换时重新培训和学习，每个版本都能够完美继承先前的优势。无人公司正在突破传统公司管理规模的上限。当需要组织千千万万人协同工作时，若领导者以传统方式运营，管理成本极高，资源浪费极大，即使能够运营，也难以盈利。于是，无人公司的出现成了必然而然的存在。

随着 AI 技术的不断推进和广泛应用，我们不得不面对一个逐渐成为现实的状况：在那些 AI 能够胜任且擅长的领域，人类毫无胜算。目前人们所熟悉的管理分工和岗位体系、管理能力会随着 AI 的持续发展而渐渐崩塌，任何公司和个人都无法避开这一趋势。对于那些更多依靠记忆和逻辑的高收入工作，AI 的冲击力更大；而对于那些需要人际情感交流、创造性、意义定义等的工作，AI 的影响相对较小。然而，随着传感器技术的发展，感知、反馈和行动能力得到提升，作者判断这类工作又会重新进入"AI 大炮"的射程之内。人类必须在"AI 大炮"的射程之外重新找到自己的经济价值与生命意义。

但我们也不必过于担心。一方面，AI 与人类并非零和博弈的关系。AI 的发展并不会必然导致失业问题，相反，当下普遍令人感到压力倍增的教育、医疗、养老等各个领域的难题，在 AI 的跨越式发展中将会得到解决。同时，AI 的发展更拓宽了未来的可能性，为众多领域增添了前所未有的、超乎想象的价值空间。事实上，每一次技术与工业革命都提供了充足的证据，让我们确信技术是助推和促进人类发展的，而非相反。另一方面，人类能够想象和定义意义。或许会有那么一天，AI 会拥有超过人类的智力。但是，即便到了那一时刻，人类依然可以凭借自身优势找到出路，比如想象力便是人类相对于 AI 等技术所独有的纯粹优势。人类能够超越自身的局限性，不断开辟新世界，且迄今为止并未被更先进的生产工具、机器设备和 AI 智能体取代，所依靠的正是这种想象力。这也是人类证明自身独特价值的有效途径。

当我拿到智勇的新作时，内心满是欣喜。对于智勇因感受到当下 AI 发展趋势而迫切想要将其表达出来的心情，我深有同感。对于梳理"无人公司"这样一个"未来之物"所需要的极大耐心和深度思考，我由衷地乐见其成。基于自己在软件开发行业多年的从业经历、创业实践和经营管理经验，智勇将无人公司置于科技、公司的发展脉络中深入考察，并给出了独特的见解以供读者思考。在此，感谢智勇带来这样一本佳作。智勇是生活中的"有心人"。本书的一大特色是采用了生动有趣、通俗易懂的生活场景和电影素材。我相信这对我们更好地想象和理解无人公司必将有所助益，并期待读者们能够从这本书中了解到 AI 如何冲击并重塑未来的公司与个体，以及在 AI 大崛起后的场景中，公司和个人又该如何更好地与之相处并创造价值。更重要的是，在具体的实践中，我们应主动拥抱这种必然而然之趋势，让自己充满想象力。

诚意之作，特此推荐。

陈春花

上海创智组织管理数字技术研究院院长

AI 的价值及其对"公司"的改造

我读到这本书稿是在 2025 年 3 月，这无疑是一个颇为奇妙的时间节点。此时，空气中弥漫着一种希望与焦虑交织的复杂情绪。回顾过往，在气候层面，人们经历了漫长的寒冬后，对温暖和生机翘首以盼；在经济层面，市场长时间的低迷状态恰似寒冬，让参与者们深感疲惫。因而，当春末夏初的勃勃生机悄然降临时，我心中那种由内而外的欣喜之情油然而生。然而，令人欣喜的远不止气候的回暖，汹涌澎湃的 AI 浪潮同样吸引着众人的目光。在当下的每一天，许多人都在铺天盖地的"震惊体"资讯中苏醒。仿佛只在一夜之间，AI 领域又发生了足以震撼世界的重大变革，让人真切地感受到"一日不见，如隔三秋"。似乎我们稍有懈怠，未能紧紧跟上这股浪潮，就会被时代的巨轮无情抛下。

但当我们静下心来理性思考时，又隐隐觉得有哪里不太对劲。尽管每天都有令人咋舌的"突破性创新"，可仔细观察，这些所谓的"创新"，似乎并未切实地给我们的日常生活带来翻天覆地的改变。这不禁令人深思：问题究竟出在哪里？是 AI 本身的发展方向有误，还是我们对待 AI 的方式存在偏差？抑或，问题的根源既不在于 AI 本身，也不在于我们自身，而在于我们使用 AI 的方式和方法？

2025 年 2 月 20 日，微软首席执行官萨提亚·纳德拉（Satya Nadella）在接受采访时，言辞清晰地指出："我衡量 AI 的标准，并非聚焦于基础模型的能力，而是着重看它能够在多大程度上将全球经济增速从当下的 2% 提升至 5% ~ 10%。唯有当 AI 能够像工业革命那般，有力地推动经济实现飞跃时，才算是真正发挥了其价值。我们更为关注的是，如何将技术转化为实际生产力，而非单纯地追求模型的复杂程度。"纳德拉的这段话，犹如一把锐利的手术刀，精准地剖析了这个时代 AI 发展所面临的核心问题。这表明，只有将 AI 成功转化为生产力工具，并且切实推动 GDP 的增长，这样的 AI 浪潮才具备真正的价值，也更能实现可持续发展。

那么，究竟该如何运用 AI 来提升人类社会的生产力呢？尤瓦尔·赫拉利（Yuval Harari）提出，现代公司往往通过解决人类面临的各种问题，诸如数据服务、技术需求等，以此获取商业机会。从解决用户需求这一起点出发，这些公司逐步演变为数据驱动的"问题解决者"。由此可见，如果我们期望借助 AI 真正实现对 GDP 的强劲驱动，那么，深入了解如何运用 AI 改造经济活动的基本单元——"公司"，便成了这个时代最为紧迫且关键的主题之一。

李智勇老师的《无人公司：打造未来超级商业体》一书横空出世，可谓恰逢其时。

李智勇老师堪称 AI 领域内一位极为活跃的学者。依托北京大学国家发展研究院这一平台，他精心组织了众多备受欢迎的 AI 研讨活动。在他的书中，诸多独到观点令人印象深刻。比如，他深入探讨并思考了 AI 智能体所蕴含的巨大价值，及其在与人类协作过程中可能遭遇的挑战；又如，他对数据质量给予了高度重视，并展开了深刻思索；再如，他创新性地提出，管理的未来发展趋势是从传统的管理人，逐渐转向管理知识。这些观点见解深刻、犀利独到，相信广大读者在阅读这本书时，都能从中获得诸多有价值的观点与建议，为自身在 AI 时代的探索与发展提供有益的启示。

苏　坦

微软中国副总裁

时间回到 2022 年。

当时我正在负责某个家喻户晓的健康小程序产品的关键部分，一个平时工作极为负责的同事走到我面前，说道："老李，我要走了，实在干不动了，身体吃不消。"

我一下子懵了。

这是我人生中相当灰暗的时刻。

我盯着眼前 7×24 小时运转、不能出任何差错的产品，回想起近两年来业务团队无眠无休、时刻保持待命的紧张感，一种精疲力竭的无力感猛地袭来。

如果我同意他离职，团队里没有人能顶上，那么系统崩了怎么办？我不同意的话……我凭什么不同意？

没有人知道这个项目什么时候会出问题，我也不知道这种日子什么时候是个头。

这些工作确实不适合人类。人类需要休息，需要生活，需要家庭，但工作的要求是无情的——它才不管人有什么诉求。如果工作要 7×24 小时运转，就必须有人 7×24 小时顶上。

从此以后，我就更加关注是否可以用 AI 来构建无人公司，去完成这些超过人类心理和生理极限的工作。

2022 年年底之前，无人公司非常难做，直到 ChatGPT 的出现。以 ChatGPT 为代表的 AI 大模型和过去很不一样的地方，不是它可以生成各种酷炫的图片或古诗，而是它可以参加考试。参加考试代表了某种类似于人类的"思维"，这意味着 AI 逐渐可以在某些岗位上扮演人类的角色。

我自己在工作中尝试构建这样的系统的同时，也发现开源社区中类似的尝试越来越多。这让人清晰地感觉到，我们越来越贴近一场本质性的公司变革。人和各种 AI 智能体在公司中的数目配比即将迎来翻天覆地的变化，极端情况就是下文详细展开的无人公司。

一边是人、组织结构和过程，一边是 AI、代码和数据——无人公司和传统公司几乎没有相同之处，因此这注定是一场风暴。只要 AI 持续发展，现在的分工和岗位体系必然被改变，也没有公司和个人可以躲开这一切。

这就是本书的起点和创作初衷：把无人公司同时放在科技和公司的脉络下进行考察。因此，如果你关注 AI 到底会如何冲击并重塑未来的公司，如果你关心 AI 崛起后个人在公司里所处的角色和工作特质，那么本书将为你提供启发和答案。

目　录
c o n t e n t s

01

无人公司来了

AI 的崛起几乎会对每个我们熟知的领域带来一定冲击。当 AI 与企业的经营管理相碰撞时，它迫使我们思考：AI 将如何重塑公司形态？未来的公司还会与现在一样吗？

从增强人类能力的角度来看，AI 可能会被理解为一个全能的助手，若干年后，公司可能仅需一人即可运作，AI 将扮演一个无所不能的角色。而从自动化的角度来看，AI 可能会承担起目前由人类执行的许多任务，未来的公司似乎不再需要人类员工。让我们一起展望未来，设想一下，在自动化达到极致的情况下，无人公司可能呈现出的面貌。

我理想中的无人公司是可以把整个公司放进电脑里的。

一台电脑里，有公司的首席执行官、首席技术官、首席产品官、程序员、测试工程师等角色。无人公司的规模也没有限制，只要电脑足够强、足够多，我想有多少"人"就有多少"人"。公司里的 AI 智能体随时待命，等待我的输入。即使我没有输入，那些由 AI 驱动的各种智能体也随时都在工作，巡检公司的系统是否出现问题。一旦发现问题，它们会立刻采取行动。

这是我们关于遥远未来的想象吗？不是的。实际上，已经有一些我们非常熟悉的公司或者业务团队，正在按照无人公司的模式运营。

幻方量化也就是 DeepSeek 的母公司成立于 2015 年，由梁文峰等毕业于浙江大学的工程师创立，是一家依靠数学与 AI 进行量化投资的公司，其核心竞争力是 AI 驱动的量化交易算法。公司成立 4 年后，管理资金管理规模已经超过百亿元。从对公司高管陆政哲的采访来看，整个量化交易决策过程高度依赖 AI，也就是说幻方量化更像是一家无人公司。

国外有一家名为 Waymo 的公司，其前身是谷歌的自动驾驶部门，目前通过 AI 算法运营出租车服务。这家公司的车队规模约为 700 辆，服务范围覆盖凤凰城、旧金山、洛杉矶和奥斯汀等多个城市，其运营数据增长极快。2023 年 8 月，每月的订单量为 1.2 万次；到 2024 年 8 月，订单量增长至 31.2 万次；而到 2025 年 2 月，订单量已逼近 80 万次。官方数据显示其 2024 年每周乘车次数 15 万次，以总投入 900 辆车计算，每周每辆车平均运行约 167 次，即每辆车每天平均运行约 24 次。这一数据远高于过去的运营水平。

这些公司的情况各不相同，有的专注于量化交易，有的专注于某个领域的自动化运营等。但它们的本质惊人地相似——在 AI 新能力的基础上，重新构建企业的运转模式，并重新定义企业中角色的职责和边界。

毕竟，AI 大模型真正启动并引起广泛关注也不过才两年多，所以此前各种产品的进展都可以看作是 AI 浪潮的前奏。恰如 2000 年的互联网，当时那些如今我们每日不可或缺的应用都还处于萌芽阶段。

如果说 ChatGPT 为这场新浪潮提供了初始的可能性，那么最近的 DeepSeek 无疑凭借更高的效能加速了这一进程。

所以，是时候关注无人公司的各个方面了。

不招程序员的软件公司

创建一个无人软件公司和创建一个传统软件公司几乎没有相似之处，反而和女娲捏土造人有几分相像。创立一家传统软件公司，除了完成常规的公司注册流程外，还应根据软件工程的需求，招募包括产品经理、程序员在内的多种员工。相比之下，无人软件公司不需要如此复杂的人员配置。

在创建无人公司时，你先得给它选个"大脑"，充当"大脑"的显然是现在常说的 AI 大模型。当然，你也可以选择多个 AI 大模型，但这样的话就需要有"众脑之脑"负责在出现冲突时进行裁决。

就像人如果只有智商，没有信息和价值观就做不了决定一样，有了"大脑"后，我们还要把"大脑"包装成程序员、测试工程师等各种角色，并确保给它输入各种真实的信息，比如到底需要它完成什么工作等。

只有"大脑"、信息和价值观，它还是悬空的，会有点像鲁迅先生在《死后》里描述的那个灵魂，蚂蚁、苍蝇落在其身上时只能烦厌不堪，实则什么都干不了。为了让它充满生机能真正干活，就要给它配上各种"手脚"和"眼睛"。比如，AI 程序员需要在看到需求后配置解释器、服务器等，确保自己编写的程序能运行起来，也能读写各种数据库或目录，让自己的产出能放到正确的地方。

上面这样的过程反复出现，就不单有基于 AI 的程序员，还会有基于 AI 的产品经理和测试工程师等各种角色。对无人公司而言，AI 智能体的数量并非关键，关键在于到底需要哪几类 AI 智能体，即需要哪些角色。这不仅和公司到底要干什么有关，也和技术现实条件有关。

比如，AI 大模型，即我们用来充作"大脑"的部分，会出现幻觉。模型的幻觉会让 AI 程序员写出看着正确但并不能运行的代码，并且它还不知道自己的代码是错误的。所以，必须定义工作过程和新角色，对这种技术缺陷进行弥补：AI 程序员编写完代码，必须有 AI 测试工程师复核。

当所有角色都被创造出来后，我们进一步发现一群散兵游勇是无法干活的，要想办法把它们串联起来，这就需要一个 AI 之上的 AI 作为无人公司的"大脑"。它也和上面的各种角色一样，需要大脑、眼睛、四肢，但职责不一样，不负责具体工作，专门运筹帷幄。

这些都准备好之后，人类程序员就登场了。

需要人类程序员完成这个系统，并把它放在电脑里，然后按下"开始"按钮，于是无人公司就诞生了。

创建传统公司需要搭班子、定战略、带队伍，而创建无人公司只需要由人类程序员来做启动工作，或者干脆像使用云服务那样租一个实现了"无人软件公司"的系统。这种与众不同的登场方式似乎在暗示我们，无论从哪个方面看，无人公司都与传统公司不一样。

完成上面所有工作后，我们就可以让无人公司干点活，看看它具体有哪些不一样的地方。

公司的进化

一家拥有 300 名员工的传统软件公司可能需要 3000 平方米的办公空间，而同等规模的无人软件公司仅需 1 ～ 2 台体积不超过 1 立方米的服务器。所有由 AI 驱动的程序员都"居住"在这个形似黑盒子的服务器内。传统软件公司必须设置流程、确定里程碑、举行评审会议等，以确保在项目周期内持续进行 PDCA（Plan-Do-Check-Act，计划—实施—检查—改进）的管理循环。无人软件公司仅需设定目标，随后由 AI 驱动的虚拟角色便会在服务器内完成所有软件开发工作。当然，这种与传统软件公司截然不同的运作模式也带来了诸多新的挑战。

高铁、汽车都比马车速度快，但如果没有铁路、公路，它们适应复杂地形的能力其实是不如马车的。无人公司也类似，越是深度运营，你就会发现，为了发挥它的威力，它也需要搭配自己的"铁路"和"公路"。

无人公司像人一样决策，也像人一样犯错。这会引发权责问题，它决策失误赔了 500 万元，谁对决策的失误负责呢？

它的大脑核心依赖 AI 大模型的智能水平，以及别人向它提供了什么样的信息。数据越完整、准确且及时，AI 大模型越有进展，它的能力也就越强。这会引发数据质量与数据成本相关的问题。怎么才能在合适的成本下保证数据的可靠性呢？

在彻底无人化之前，人和 AI 智能体是需要分工协作的。这会引发人和 AI 智能体的边界设在哪里更合适的问题。哪些部分的工作由人来做，哪些部分的工作由 AI 来做呢？

它知道人类的所有事，从工作方法到工作成果，从沟通细节到复杂决策，并且绝不健忘，让每个人时时刻刻生活在一种真正的事事可溯源和可跟进的状态下。这会引发深刻的文化问题。现实中的企业里可以没有灰度吗？

当我们和无人公司协同合作时，上面这些问题层出不穷，比给高铁或汽车配上铁路、公路麻烦多了，必须每个问题都解决，无人公司才能真正发挥作用。

为什么会这样呢？

因为除了人类，我们从来没有和其他高智能生命体打交道的经验。无人公司的出现很像你突然有一天回家后，你家的猫不是围着你喵喵叫、要吃要喝，而是突然站起来说："老李，你回来了，今天辛苦了啊！"然后你再养它的时候，肯定和之前都不一样了。

我们不是创建了一个传统意义的公司，而是创造了一个有智能的类生命体，所以它相当复杂。

它能自我感知世界、做价值判断、采取行动。传统公司是静态的，现在的无人公司则是动态的，并且很多方面"智商"比你高。它全心全意为你服务，但你得维持它的运行，否则它可能就像你那生重病却得不到救治的宠物猫，没几天就死了。

有了这个视角后，我们再去审视周边的传统公司就会发现，这根本不是什么科幻。垂直领域很早就有了一些成功的应用案例，如网约车司机、外卖小哥，他们早就活在了类似无人公司大脑的算法里。有些老旧的系统（如沃尔玛的配送系统），甚至可以追溯到近50年前互联网还没有大流行的时候。

只不过，过去充当大脑的那部分算法智能不够。这种约束让无人公司的实现程度在漫长的时间里一直远低于预期。如果说我们描述的无人公司是动画片里的哆啦A梦，那么在过去，无人公司的技术更多体现在智能音箱领域，二者的能力天差地远。

从传统公司到无人公司的这条进化道路，实际上和生物进化过程很类似。我们可以按照AI大模型的介入以及起作用的程度把它们排列在时间轴上。

早期的公司很像砖瓦、石块这些无机物，你定义了什么章程，它就是什么样子，没有任何生机，自己也不会有任何行动。这时候没有算法的介入，全部依赖人类的组织和协调。

逐步导入各种算法的公司开始有应激反应，如果你输入不合格的东西，公司的系统就会拒绝你。这时算法更多是程序员编写的规则而不是我们现在常说的神经网络。

当发展到电商这类由算法主导的公司时，它就有点家里宠物的感觉了，有一定智商，能做很多判断，但行为模式很单一，可能只会担保交易、大数据推广等几个职能。

到了我们设想的无人软件公司阶段，其核心依赖于 AI 大模型的进展。AI 大模型在分析判断能力上的优秀表现引发了质变，让原来大量的必须由人参与决策判断的工作可以由 AI 承担，最终才会出现我们上面设想的无人公司。

不同的公司复杂度不一样，当前的 AI 也没有那么智能，所以要想把所有公司都变成无人公司，还需要走很长的一段路，但这并不妨碍无人公司一旦在某个领域出世就会迅速崛起的势头。

无人公司的"战无不胜"

在谷歌、百度等大力推进自动驾驶技术商业化的同时，一种新的落地模式被设计了出来。不再是单独出售一辆辆具备自动驾驶功能的汽车，而是基于自动驾驶功能提供出行服务[①]，新闻中出现的基于自动驾驶的打车服务正是这种理念的实践之一。

这明显是现实中无人公司的雏形。每个人都可以通过手机上的应用程序（App）随时召唤一辆汽车来接自己，但为你提供服务的系统里可能并没有人。

---

① 过去被称为 MaaS，Mobility as a Service，也就是出行即服务。

这类新形态的无人公司一定会和出租车公司、网约车公司，甚至你的私家车所代表的消费模式产生竞争。

原因是多方面的。

表面上是因为没有人参与运营环节，成本会快速降低，并且在服务时间上，每辆车都可以 7×24 小时工作，也不会疲劳驾驶；在服务态度上，它可以做到不与乘客争吵，所以具有先天优势。

更本质的原因是，它背后的无人公司具有被彻底改变的基因，在进化上向前迈了很大一步。

人类的基础生物特征并不完全符合工作对岗位的要求，而无人公司这种类生命体正相反，它几乎每一个特征都和工作对智能体的要求相匹配。

对于人类而言，我们内心更向往一种悠闲惬意的生活方式。相较于工作，我们更愿意将时间投入家庭，陪伴孩子和父母。这种生活与工作的矛盾在管理领域体现为，公司需要通过制定规则和提供经济激励等方式，鼓励员工将更多的时间和精力投入工作中。虽然这能够带来具体的工作成效，但往往会在生活和工作的平衡上留下遗憾。

无人公司这种类生命体则正相反，它具有永生体质，无须在代际切换时重新培训和学习，每个版本都可以完美地继承前面的优势；它没有人类的基础欲望，所以不会有任何违法乱纪的原始动机；它没有多维价值取向，所以不需要工作的同时还考虑家里的事情；它没有生物特征，所以不会疲劳驾驶。

如果说无人公司提供服务的水平是一条逐步上升的直线，那么传统公司的服务水平则是在某个范围内不停波动的曲线。

我们也可以换个更科学的角度看待无人公司这种能被改变的基因。按照经济学家罗纳德·科斯（Ronald Coase）的说法，企业存在的根本原因，在于企业内组织生产的交易费用低于市场组织的交易费用。从这个视角看，无人公司去除了所有人与工作不契合的特征，所以内部交易费用会无限趋近于零，也就是公司这种组织的极值。这种变化会让无人公司和传统公司的基因完全不一样。就像橘猫在幼崽时期可能会比小老虎还大、还凶猛，但时间一到，老虎在基因上的优势就会彻底爆发，再多的橘猫也不是成年老虎的对手。

所以这是一场还没有开始就已经注定结果的竞争。

AI 大模型的出现让无人公司不再只局限于很少的几个领域，而是有了普遍实现的可能性。从互联网公司到软件公司，从流通环节到生产环节，逐渐都会被纳入无人公司的射程之内。

如果跳出无人、有人的简单表象，我们就会发现无人公司所代表的公司进化方向，与现有依靠大规模组织人力进行公司运转的方向之间，必有一搏。当下无人公司可能会限于技术能力不足，还在缓慢地进化和增长，但已改变的基因使得它的增长潜力呈指数型。这种指数型增长的潜力一旦爆发，就会释放出极大的能量。

200 多年前，自给自足的小农经济不敌以新式公司为主要形式的大工业生产。现在则风向大变，已经成为习惯和主流的传统公司，不可能扛得住无人公司这种动辄十几倍、几十倍的效能提升的冲击。从农业文明进化到工业文明，我们习惯了公司取代家族，将来从工业文明进化到智能文明，我们也会习惯无人公司取代传统公司。

竞争结果并不会马上显现，因为无人公司所依赖的技术大多仍然需要时间变得更成熟。但就像电商与百货商店的竞争一样，一旦开始，就会在较短的时间内出现最终结果。电商和百货商店的商业战用了约 20 年的时间决出胜负，无人公司取代传统公司不会用时更长。

与早期的电商类似，无人公司的发展也容易引发人们对未来就业形势的担忧，那么这确实是好事吗？

非零和博弈视角下的无人公司

竞争经济体系中的一条基本规律就是要沿着让生产力更发达的方向前进，否则就会竞争失败，甚至公司可能倒闭。你想保留一小块却会失去更多，想要安全却会更加危险。

实际上，所有关于 AI 的忧虑都是预设了一个恒定的经济总量和经济增速。在零和博弈的前提下，就会出现不是人类禁止 AI，就是 AI 取代人类的局面。夸张一点说，在这种零和博弈的视角下，就不应该发展 AI，甚至不应该发展任何科技。

如果我们认为经济总量是 1，增速也恒定，那么无人公司的出现确实可能导致灾难性后果，因为这将挤压人类在经济中的生存空间。但我们可以换个视角，假如我们希望 10 年实现经济总量的 131 倍增长（按照平均 5% 的增速，实现 131 倍增长一般需要约 100 年的时间），就会发现无人公司其实是提升生产力的手段之一。这样的高速大发展，不但不会导致失业问题，而且能够解决我们现在普遍感到压力倍增的教育、医疗、养老等问题。

如果往前回溯 100 年，我们就会发现在高速发展过程中，虽然科技一直在冲击既有分工体系，但确实提高了我们的幸福指数。

例如 1940 年前后，很多地方的农村在一定程度上和封建时代并没有太大区别——没有电，没有拖拉机，牲畜是主要的动力资源。

1950 年之后，这些农村就像被卷入历史的风暴之中，在很短的时间内大踏步向前发展。电、电话、拖拉机、黑白电视机、汽车、电脑、互联网、手机、网购、高铁在 70 多年里相继出现。这在一定程度上相当于，一位 70 多岁老人全程经历了从封建时代到现代化生活模式的变化。

在这样的高速变化中，经济高速增长，广东省统计局在《砥砺奋进70 载　辉煌引领新时代——新中国成立 70 周年广东经济社会发展成就系列报告之一》中指出：本省 GDP 从 1949 年到 2018 年增长了 600 倍。

如果我们认为技术是经济飞速增长的唯一驱动力，期望复现这种增长奇迹，并用增长解决问题，那么着眼点就应该是怎样尽快地实现无人公司，而不是人类禁止 AI 或者 AI 取代人类。

革命性的大事件

大航海联通了物理空间，工业革命改变了很多人的工作模式，互联网拉通了全球的信息空间，因此这三者被认为是人类历史上的革命性大事件。那 AI 呢？AI 带来的影响会比互联网更大还是更小，无人公司带来的冲击会比互联网的符号性实践（如电商、出行、外卖等）更大还是更小？

这需要回到这两种技术的根本特征，再进行对比和预测。

如果说互联网的根本特征是连接，那么 AI 的根本特征显然是智能。互联网通过连接改变价值创造的范围，而 AI 则通过智能改变价值创造本身。作为重要的价值创造场所，公司具有三个核心支撑要素：角色（人）、流程和工具。假设智能体在某些角色（如程序员）上超越了人类，那么 AI 及其协同作业将展现出更高的效率，例如 AI 程序员与 AI 测试工程师之间的协作将更为默契。基于此，我们可以将互联网作为参照，进行类比和预测：如果说互联网一出现就注定了会有"搜索""微信""电商"，那么 AI 一出现就注定了会有无人公司。

AI 内在的能量级别和对经济生活的改变幅度则数倍于互联网。

互联网因其连接特性而在浅层创造价值，就像大水漫灌，只要波及的范围足够广，它就能创造足够大的价值，深不深并不关键。

AI 因其智能特性及其对基础价值创造过程的改变，能够在深层创造价值，就像打巨大的深井，必须打到足够深才能看到水。而当深井面积扩大变成湖泊、海洋时，那就是沧海桑田，原来我们熟悉的一切景象全部都不见了，这种改变幅度无疑是互联网不能比的。

无人公司正是这种巨大变革的符号性标志，但它也会像互联网应用一样，有一个循序渐进的过程。

接下来，这种改变的冲击波不会局限于公司内部，很快就会延展到社会生活的方方面面。

在前奏阶段，随着代表大脑的 AI 大模型的进步，未来这种无人公司不会局限于软件开发，如出行会有基于自动驾驶的出行服务，快递就会有基于无人机的快飞配送。进一步讲，按照类似模式还可以很快做出招聘公司、营销公司、客服公司、工厂等。

随着人类在现有公司岗位上的经济价值逐渐减少，我们越来越需要在与人打交道、需要真正创造力的领域重新定位自己的价值。到这一步时，我们感受到的工作、生活的改变幅度会远大于外卖、网约车。现在的我们往往需要按工作调整个人喜好和意愿，那时候这些喜好和意愿就是我们的工作。

所以这一定是刚刚开始的革命性大事件。在这个时间点，这个大事件的进展至多能类比 2000 年的互联网，那时的我们将互联网视为更好的报纸。

02

人类不再是员工的唯一候选

在没有 AI 大模型之前，我们尝试按照无人公司模式打造产品时，发现其中很棘手的是它真的不好用。这是两方面原因导致的。

一方面，我们面临如何在确保精度的前提下控制数据成本的挑战。数据不准相当于一个公司的首席执行官身边每天全是说假话的人，这样的话，不管他多么英明神武，也可能不停地出昏招。如果精准数据太贵，那么谁都用不起，这就会让产品进入死亡螺旋。因为数据不准，大家不愿意用，不愿意用就不愿意花成本提升数据精度，以致数据更加不准。在这种持续负反馈下，产品最终也就逐渐走向死亡。

如果说死亡螺旋还可以通过大量部署传感器和团队的努力来克服，那么算法方面的挑战则彻底地卡死了这个产品的应用范围。

另一方面，我们又遭遇算法智能不够的挑战。比如，一个程序员日常工作的数据足够清晰，包括他写了多少代码、多少文档等。但当他需要转正答辩时，还需要考虑这些代码的质量是否过关，以及文档是否符合某种标准。

如果这些工作不能让算法自动化地去做，而是必须有人参与，或者只能基于一些笼统的数据（如页数、代码行数）进行不够准确的判断。那么，事情就会像按照孩子脑袋大小来判断谁高考分数高一样滑稽。

如果智能不足的问题无法解决，其他部分做得再好，也像搭建了足够好的铁路，但火车却用马来拉一样。火车勉强能动起来，但你期望的高速将无从谈起。

AI 大模型初步解决了这个问题。过去产品运行过程中需要人介入的判断，很多都可以让它来做。只要 AI 沿着这条路发展，那么它能做的必然会越来越多，无人公司也就必然离我们越来越近，不再像个科幻名词。

那么，为什么只有在 AI 大模型出现之时，公司才有了新的进化可能呢？这和 AI 大模型所展现出的、迥异于此前 AI 模型的技术特质有关。这些特质让人类不再是企业中员工的唯一候选。

AI 大模型与智能跳越

抛开技术细节，基于大模型的 AI 让人惊讶的进展是：它好像终于长出大脑了。这个大脑无须任何人指挥，就能做出过去只有人类才能进行的各种判断。

基于大模型的 AI 和之前的 AI 区别是什么呢？

是帮助我们生产各种内容，如文章、图片、视频吗？

不是的。

是能识别人脸和判断开车是否违反交通法规吗？

也不是的。

基于大模型的 AI 的核心变化是具备了自行理解概念，并拥有逻辑判断的能力。在大模型出现后不久，人们用当时相当先进的 AI 大模型 GPT-4 来参加各种考试，最终结果如图 2-1[①] 所示。

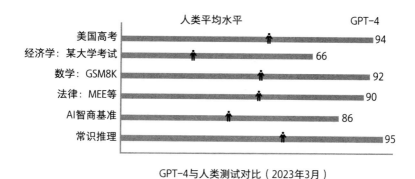

图 2-1 AI 与人类测试的结果

当一个 AI 可以在美国高考、经济学、数学、法律、智商测试、常识推理等领域的考试中超过人类时，意味着它已经可以理解这些试题中的概念，并自主进行判断和计算。

在所有备受称赞的 AI 大模型的神奇能力中，给我带来较大冲击的就是这种考试。

---

① 作者自绘图。

在正常的公司招聘中，我们会比较看重应聘者的毕业院校、学历，核心原因正是应聘者背后经由各种考试一次次验证过的基础能力，并不是这些因素所代表的专业性。现在 AI 也可以通过考试了，这意味着 AI 在通用基础能力上可以与人一较高下，必须承认，这是 AI 智能水平的一次真正跳越。

比尔·盖茨（Bill Gates）以类似的视角得出了类似的结论，他将这次 AI 的突破视为其人生中遇到的两项革命性技术之一。他博文的题目是 "AI 时代已经开启"（The Age of AI has begun: Artificial intelligence is as revolutionary as mobile phones and the Internet）。

在我的一生中，我曾两次目睹了堪称革命性的技术演示。

第一次是在 1980 年，当时我第一次接触图形用户界面，这是包括 Windows 在内的所有现代操作系统的先驱。我和向我展示这次演示的人坐在一起，他是一位才华横溢的程序员，名叫查尔斯·西蒙尼（Charles Simonyi）。我们立刻开始头脑风暴，探讨利用这种用户友好的计算方法可以做哪些事情。他最终加入了微软，Windows 也成了微软的支柱，而我们在那次演示后的思考帮助公司制定了接下来 15 年的发展规划。

第二次巨大的惊喜发生在去年。自 2016 年起，我一直与 OpenAI 团队会面，并对他们稳步取得的进展印象深刻。2022 年年中，我对他们的工作感到非常兴奋，于是向他们提出了一个挑战：训练一个 AI，让它通过 AP 生物学考试，并能够回答那些它并未接受过专门训练的问题。(我之所以选择 AP 生物学，是因为这场考试不仅仅是科学事实的简单复述，它要求考生批判性地思考生物学。)我说，如果你们能做到这一点，就算得上是真正的突破了。

我以为这个挑战会让他们忙上两三年。结果他们只用了几个月就完成了。

9 月，当我再次与他们会面时，我惊讶地看着他们用 60 道 AP 生物学考试中的多项选择题来测试他们的 AI 模型 GPT——它答对了其中的 59 道。然后，它又写出了 6 道开放性问题的答案，且答案十分出色。我们请了一位外部专家为这场考试打分，GPT 得了 5 分——这是可能获得的最高分，相当于大学生物学课程的 A 或 A+ 水平。

与今天这种能够进行复杂考试的 AI 大模型相比，过去的 AI 模型全是一些偏科的"怪胎"。要么只会下棋打游戏，要么只是听力或眼神特别好。偏科导致过去的 AI 适用范围都太窄了。

这个大模型所具备的概念理解、逻辑判断则是一种通用的能力，这种能力正是大量工作岗位的核心支撑。

如果我们负责报销，那么我们每天需要理解报销申请的程序，判断其是否合理，然后进行审批，最终决定同意或不同意。这是理解和判断。

如果我们负责招聘，那么我们每天需要理解招聘需求，生成岗位描述，再寻找候选人并与候选人沟通。这也是理解和判断。

如果我们对一家 200 人规模的公司里的每一个岗位职能进行拆解分析，就会发现绝大多数岗位与财务和人力招聘类似，所需要的主要是良好的概念理解和判断能力，而不是高等数学、流体力学、工程热力学中的公式和知识。

现在 AI 能像人一样进行理解和判断了。基于这种比较通用的智能，我们能够打造在一定范围内拟人的 AI 产品，它们能完整地履行过去只有人才能履行的职责。

这会进一步推动类人的 AI 智能体问世，并向无人公司的方向迈出巨大的一步。

反馈 + 模型 =AI 智能体

只有 AI 大模型是做不出无人公司的。

我们可以想象自己在做"瓮中之脑"的经典思想实验，把爱因斯坦那个智商超高的大脑保持活跃状态并放置于营养液中，之后用计算机向它模拟输入《西游记》里的视听信息，那么这个大脑是不可能发表相对论的，反倒可能想尝尝人参果的味道。

所以，自主的理解和判断能力必须与对世界的精准、真实的感知相匹配，才能爆发出真正的力量。AI 的进步和传感器的进步叠加在一起，才能让集成感知—决策—反馈的产品日趋成为可能，这种产品就是 AI 智能体。

AI 智能体感知世界，基于自己的角色和价值设定，让大模型进行判断并生产内容（见图 2-2[①]），最终变成了无人软件公司中的首席技术官、首席产品官、程序员等。

---

① 英文版原图为 Utkarshraj Atmaram 绘制。

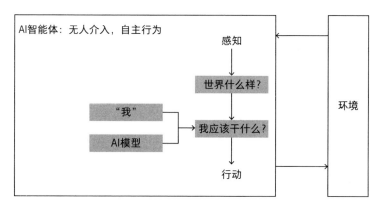

图 2-2 AI 智能体的组成

许多电影中的经典形象是 AI 智能体。从终结者到大白，从机器人瓦力到《星球大战》里的 R2-D2，从《她》到漫威电影里克里人的终极智慧，无一不是如此。他们有的拥有机器人外壳，有的没有，但这不是关键，真正的关键之处在于他们把感知、行动和智能结合在一起了。

如今，我们要做的就是把形形色色的 AI 智能体从电影世界中提取出来，放回办公室，看看它们在工作上的表现。

如果我们拆解公司中的具体角色，如人力招聘，就会得到如下的关键步骤：

1. 读取业务部门的招聘需求，不理解的需要反复确认；

2. 筛选简历，与候选人沟通对岗位的初步意向；

3. 和招聘的业务部门确认候选人的匹配度；

4. 约面试，组织面试，记录面试结果；

5.申请并发送录用通知书；

6.办理入职。

然后我们会发现，当大模型的智商在美国高考测试中超过人类成绩时，那么它基本上就可以胜任每一个步骤的工作。

这意味着从智商的角度看，招聘这个角色已经可以由 AI 智能体来承担了。

这也意味着 AI 智能体能顺利走进公司，但剩下的挑战并不是技术难度，而是要妥善处理落地过程中的各种细节问题。

这些 AI 智能体并不会一诞生就很完美，而是像动物幼崽一样，有一个成长进化的过程。

一开始它们可能没有身体，单纯地活在数字空间里，从事招聘、营销、运维、编程等职责相对单一的工作。

接下来，它们就会进化到过去经常说的各种管理岗位，如中层、高层、首席执行官等。

随后，它们的身体就会逐渐被进化出来，能听会看，可进行关窗户、关门、扫地、导览、搬东西等活动，甚至成为某人的分身，远程主持会议、盘点仓库等。

至此，人类已经不是员工这个角色的唯一供给方。

随着 AI 大模型智商的成长，它会陆续在不同角色上迎来超越人类的拐点。对某个公司而言，当 AI 智能体在所有角色上都超越人类时，公司自然而然地就会变成无人公司。

若要更详细地推测 AI 智能体的这条进化之路，我们可以从阿尔法围棋（AlphaGo）的进化过程中得到更多启示。打败一众围棋国手的阿尔法围棋，其背后不是现在经常说的 GPT 类大模型，但它是一个真正在专业领域超过人类并完整走过了所有 AI 智能体进化阶段的模型。

智能飞轮与 AI 智能体的进化

在过去的各种模型中，战胜李世石和柯洁的阿尔法围棋也能做很多判断。但与现在的 AI 大模型相比，这个模型特别偏科，因为它只能下围棋。

也正因为只专注于下围棋，阿尔法围棋成为真正转动起智能飞轮的产品。它展示了 AI 智能体走向成功的全部步骤。

我们可以回顾一下它的进化过程。

同李世石决战的 AlphaGo Lee 基于数千局人类的对战棋谱进行学习训练。

同柯洁对战的 AlphaGo Master 则是通过与 AlphaGo Lee 的对战进行学习。

最后版本的 AlphaGo Zero 则抛弃所有人类累积的围棋知识，完全通过自我对战进行学习。

最终 AlphaGo Zero 在 3 天学习后，击败了 AlphaGo Lee，在 21 天学习后，击败了 AlphaGo Master。

这意味着什么呢？

当 AI 能够自己生产有效数据时，它的智能飞轮会快速旋转，并让"智商"呈指数级提升。人类在生物学上的进化常常需要数万年的岁月，一旦拥有足够的有效数据，AI 的进化将以天为单位。

柯洁在观看 AlphaGo Lee 与李世石的决战时仍然充满信心，但当面对 AlphaGo Master 时，他在对弈过程中的绝望和痛苦已经无法掩饰，其强烈的情绪外露于屏幕，给观众们留下了深刻的记忆。这种错判核心就在于 AI 和生物完全不一样的进化速度。

AlphaGo Zero 的进化过程可以总结为三个阶段（见图 2-3 ）。

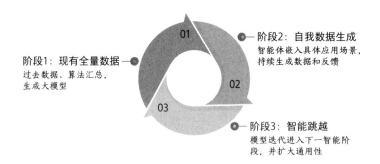

图 2-3　智能飞轮的三个阶段

过去的阿尔法围棋只能下围棋，现在的 AI 大模型则把这种基于模型的智能通用化了。通用模型面对的是整个世界，这使得它暂时无法像阿尔法围棋那样自己造数据训练自己。其背后的驱动要素却没有发生太大变化，还是数据、模型、算力。这些要素的权重也没有发生太大变化，相当一部分科学家始终认为数据是第一要素。这意味着我们可以参照阿尔法围棋的智能飞轮，推测 AI 大模型和 AI 智能体的未来。

如果 AI 大模型的智能飞轮拥有与阿尔法围棋一样的转速，那么世界可能在 24 小时内就发生巨大变化，人类很可能一觉醒来，仿佛穿越到了科幻电影中的世界，身边所有的设备全部"机器人化"，身边绝大部分的职业都出现了一个类似围棋界阿尔法围棋那样的角色。

幸运的是，现在不是由 AI 智能体本身，而是由做大模型的公司在推动着飞轮逐渐旋转。AI 智能体无法生成让自己快速进化的全部数据，这大大地降低了其进化速度。它进化得没有阿尔法围棋那么快，也就给了我们适应的时间。

对于智能飞轮转动起来后 AI 的进阶之路，可以把它分为 5 个阶段 [①]。

阶段 1：聊天机器人。AI 如今能够与人对话，甚至仅从对话内容来看，人们不能分辨它是人还是 AI。对话时，AI 可能会产生幻觉，从而胡说八道，但逻辑自洽。这个阶段无人公司处于萌芽期，只能在极少数的领域出现。

阶段 2：推理并解决问题的机器人。当你向它提出真实的问题时，它能够自行推理，甚至向你索要解决问题所欠缺的信息或资源，进而真正实现代替人解决问题。到了这个阶段，以处理各种信息为主的白领工作基本就无须由人来完成了。

阶段 3：AI 智能体。它能全面感知物理世界并且能够采取行动解决问题，相当于把阶段 2 的能力从虚拟数字世界扩展到真实世界。到了这个阶段，所有体力工作就不需要人了，满大街可能都是机器人。这时，现

---

① 基于美国 OpenAI 公司提出的通用 AI 5 级分级标准，补充和修正后得出 AI 进阶的 5 个阶段。

实世界中就会有相当比例的无人公司了。

阶段 4：创新者。 AI 能够组合现有要素，在特定的方向上完成创新。比如，它可以生成各种栩栩如生的动物形象。到了这个阶段，现在 200 人规模的公司估计只需要不到 10 人即可维持运转，像产品经理这样需要创新思维来定义产品的角色，AI 也能够承担了。同时会出现大量的无人公司。

阶段 5：组织者。 AI 能够负责组织协调的工作，承担 AI 之上的 AI 角色。到了这个阶段，所有公司都会变成无人公司。如今，我们看到的每个领域，也都有了一个自己的阿尔法围棋。

这些阶段并非泾渭分明，而是像小孩成长一样，每个阶段都呈现出独特的发育特征，但在不同的年纪，成熟的部分并不相同。

智能飞轮早期会转动得比较慢，但这并不影响其基础的进化方向，结果还是一样的。

在过去，围棋、艺术、生物、物理等智能山峰的峰顶只有人类的身影。阿尔法围棋出现后，这种情况不复存在。智能飞轮每旋转一圈进入下一个阶段，就会让某些或高或低的智能山峰上，站在峰顶的智能体不再是人类。智能飞轮转动得越快，这些智能山峰峰顶的 AI 智能体就越多。而峰顶的 AI 智能体越多，我们离无人公司就越近。

如果你是一个围棋培训机构，那么显然对你而言，专业的陪练已经不是人类。类似地，其他公司内的各个角色也面临同样的挑战。

AI 智能体的射程内没有人类

在使用 AI 大模型对产品进行升级并反复测试后，我明白当前的技术距离真正覆盖复杂公司角色的 AI 智能体还有一些差距，但这并不妨碍它在一些特定的领域崭露头角。

那么，我们应该怎么看待这种潜在的进度呢？

如果我们对各种公司岗位进行抽象思考，便会发现现有组织中的岗位对应着一个智能效能的纯量。

在 AI 一方，它表现出的效能纯量 = 模型的智商 × 公司场景的认知纵深。

一旦 AI 智能体表现出来的智能效能大于人类员工，那么相应岗位的员工候选就变成两个：一个是人；另一个是 AI 智能体。

然后，人类在这些岗位上可能会节节败退。假设一个公司的价值观是"用户至上，真诚敬业，关爱协作，乐观主动"，过去公司的整体评分可能怎么也达不到 80 分，但是如果全部是由 AI 智能体组成的公司，那么其分值可以直接达到满分。它还会多出 24 小时待命、大公无私等我们一直用于描述职业化的优秀特质，更关键的是它还便宜，所需要的只是提供足够的电和算力。

这时，假如你开始创立一家公司并进行员工招募，此时你有两个选择，你会怎么抉择？

我把自己代入选择者的角色后，发现这并不是个难于决策的问题。在 AI 效能大于人类的地方，对应的角色基本会由 AI 来承担，竞争的压力会让企业家们做出基本一致的选择。

在那些 AI 能胜任且擅长的领域，人类很难有胜算。人类必须在 AI 的射程之外，重新确立自己的经济价值。

是人类需要重新定位自己的角色，不是 AI 智能体。工业革命重新定义人类的角色，使人类从土地迁移到了企业；AI 革命又将重新定义人类的角色，引领人类从企业走出来，走向充满无人公司的全新世界。

核心必须迁移，否则就会出现柯洁的 AI 之问。

在同阿尔法围棋决战五年后的 2022 年，柯洁的 AI 之问能够代表很多人面对 AI 时的潜在心声。

你要问我下围棋的意义是什么？很多类似的问题确实都问到我了。我也在寻找这个意义，有了 AI 以后就有答案了，而你的意义又在哪里？

论文里的岗位迁徙

GPT-4 出现后，研究人员发表了一篇名为《GPT 是 GPT：大语言模型对劳动力市场影响潜力的初步研究》（GPTs are GPTs: An Early Look at the Labor Market Impact Potential of Large Language Models）的论文。这篇论文由 OpenAI、OpenResearch 和宾夕法尼亚大学合作发表，探讨了 AI 大语言模型（Large Language Model，LLM）对美国劳动力市场的潜在影响。该论

文按照工作内容对 AI 曝光度和各种岗位所受的影响进行了排序。

此处曝光度可以简单地理解为特定岗位和 AI 大模型的重叠度。

这篇论文一度引发轩然大波，尽管其分析的是 AI 大语言模型对美国劳动力市场的影响，但预计该模型对国内的影响也不会有太大差别。

论文认为，大约 80% 的美国劳动力可能有至少 10% 的工作任务受到 AI 大语言模型的影响，而约 19% 的工作者可能有至少 50% 的工作任务受到影响。

受影响的职业涵盖了所有收入水平，其中**高收入职业可能面临更大的影响**。这正是通用智能的根本特征，在它的射程之内，AI 的扫射一定是无差别的。

论文根据曝光度将职业分为四个等级：完全暴露（100%）、高度暴露（50% ~ 99%）、中等暴露（10% ~ 49%）和低度暴露（0 ~ 9%）。按照人类专家和 GPT-4 的分类，以下是不同等级的职业示例。

完全暴露（100%）：数学家、税务专员、金融定量分析师、作家或作者、网络和数字界面设计师、新闻分析师、记者、法律秘书和行政助理、临床数据经理、气候变化政策分析师等。

高度暴露（50% ~ 99%）：会计师和审计师、市场营销经理、软件开发人员、教育工作者、医生、药剂师、律师、建筑师等。

中等暴露（10% ~ 49%）：护士、社会工作者、心理学家、艺术家、音乐家、演员、厨师、摄影师等。

低度暴露（0 ~ 9%）：清洁工和助手、农业工人、建筑工人、机械师、司机、保安人员、消防员等。

这种分类方法并不完全准确，因为同样名称的岗位的内涵往往会有差别，同时 AI 发起冲击的方式并不是只有这一种，除了 GPT 类模型，还有其他的垂域模型在向各个智慧的峰顶发起冲击，比如专门解决蛋白质折叠问题的 AlphaFold 系列模型。

但论文的基本思考方向是无误的。

我们可以换一个角度看待曝光度和结果。

显然，越是需要人际情感交流的工作，受到 AI 的影响越小；越是依赖记忆和逻辑的工作，曝光度越高。这和过去的分工体系存在矛盾。在原来的分工体系下，正是理解能力、逻辑思维和记忆能力累加形成的专业度支撑着高收入。现在这个核心能力的曝光度极高，这意味着 AI 正在削弱高薪资的关键支撑。

低曝光度并不像人们所认为的那样安全。体力工作者之所以目前看着还好，其核心原因在于 AI 的四肢不怎么发达。现在的 AI 大模型很像大脑实现了跃迁，但四肢和眼睛、耳朵受材料、能源、传感器等因素的限制，还不怎么协调。AI 大模型对现实世界的理解越深入，四肢和眼睛、耳朵补得越全，体力工作领域的曝光度肯定会随之上升。毕竟具身智能机器人已经在路上了。

所以，人类不再是员工的唯一候选是确定的。在充满无人公司的世界里，人类在职业上，重新迁徙并定位自己也是不可避免的方向。甚至，这都不是未来才会发生的事情。在过去的半个世纪里，类似的事情持续在发生，只不过范围没有这次这么广泛，也并未引起如此普遍的关注而已。

总而言之，无人公司并不是新出现的事物。

03
无人公司的早期尝试

在撰写论文期间，我对 IT 诞生以来典型的企业级产品进行了梳理，惊讶地发现，无人公司根本不是对遥远未来的设想，而是在现实中存在已久，只不过我们缺乏发现它的独特视角。

这很像生物的进化树。所有生物早已存在于世，但直到进化论的出现以及生物科学家的命名，我们才能按照某种事后确定的规律将它们排列起来。

在我们拥有无人公司的视角后，就会发现 IT 技术自诞生以来，企业家们始终有意无意地将无人公司作为终极目标而孜孜以求。但受限于缺乏 AI 大模型，过去的尝试只是在极小的领域内取得成功，并且绝大多数以失败告终。

当然，过去尝试的实现与真正的无人公司在无人化程度上还有很大的距离。

20 世纪 80 年代沃尔玛的大胆尝试

近几年，世界财富 500 强排行榜中名列前茅的并不是我们耳熟能详的一些科技公司，甚至也不是石油公司或银行，而是沃尔玛这家主营零售业务的公司。

沃尔玛成立得非常早，1962 年沃尔玛第一家店在美国阿肯色州的罗杰斯镇开业，17 年后年销售额突破 10 亿美元。到 2005 年 1 月底，沃尔玛成为世界最大的零售商，销售收入超过 2880 亿美元。在这一增长过程中，其竞争力主要来自持续增长，而持续增长来自新店的持续开设。1970 年，沃尔玛只有 30 多家门店，到 2006 年则增加到 3800 家，平均每年开设上百家。

在这一成长过程中，沃尔玛的财务表现可谓稳健且亮眼。从具体指标看，其销售和管理费用低于竞争对手 5% ～ 6%，其存货的周转率则高于竞争对手约 3%。

我们无法清晰地回答这个公司长期高速增长的原因，毕竟这需要常年的调查和对比分析，但可以从一个侧面窥探到部分原因。

在 20 世纪 80 年代，驱动沃尔玛供应链和物流的新技术一度极为强大，堪称当时商业领域的顶尖水平。

它在商店扩张中采用了一种市场饱和策略，其标准是能够一天内从配送中心到达商店。所有配送中心都经过战略布局，以便在一天内服务 150 ～ 200 个沃尔玛商店。

每个配送中心 7×24 小时运转，利用激光导引的输送带等技术，实现一边接货一边送货。沃尔玛的配送效率极高，其配送成本仅占销售收入的 1.3%，相比之下，紧随其后的竞争对手的配送成本则占销售收入的 3.5%。

同时，沃尔玛实施了一套先进的卫星网络系统，使得信息可以在遍布各地的商店网点、配送中心和供应商之间实现共享。该卫星网络系统能够合并订单，使公司可以进行整车采购，避免产生存货成本。正是这套系统全天候地驱动着物流和配送的高效率。

沃尔玛在 20 世纪 80 年代初期便基于已有所进展的 IT 技术，着手建设内部系统，终于形成了自己的核心竞争力。

在互联网尚不发达的时代构建这样一套系统，其成本估计要比现在构建同样的数字化系统高十倍不止，所以这实在是一场豪赌。

看起来，沃尔玛显然赌赢了。

在那个时代，沃尔玛不是孤例，还有很多公司陆续像沃尔玛一样开始了同样充满风险的尝试。

1994 年的某一天，思科的系统突然崩溃了，致使整个公司被迫停工两天。在此之后，董事会批准投入 1500 万美元导入甲骨文公司的 ERP 系统。对于当时的思科来说，这是极大的资金投入。

当这个整合了所有分散资源的 ERP 系统上线后，思科立刻开始在周边构建一系列支持不同职能的系统，这在内部被称为"思科在线联系"（供客户使用）、"思科员工联系"（供员工使用处理内部事务）以及"制造在线联系"（在外包制造业务后对制造商进行管理）。最终达成的效果是，一旦客户下单，系统就会立即通知制造商，而制造商收到电子通知后，订单就会被迅速送到组装线。

大家发现了吗？从沃尔玛到思科，大约 40 年前，它们不约而同地斥巨资去做类似无人公司的事情——让算法系统尽可能地接管业务。

微软为什么打不败谷歌

尽管沃尔玛、思科等公司多方努力，但在运输等环节仍需要很多人辅助这套系统的运行。地球上第一个无人的、垂直型的智能组织可能是搜索引擎。

在搜索过程中，爬虫负责在全网获取数据，中间一套融合了多种算法的搜索算法（如经常被提及的 PageRank）负责根据用户的请求判断哪个内容与他的需求相匹配。同时，商业化的环节也处于算法的驱动之下，通过拟合搜索结果和关键词广告完成。

你会发现，这就是一个现实版的无人软件公司，只不过它只做一件事情：提供搜索服务，而不是根据用户的需求去开发各种软件。

如果没有人故意破坏，也不考虑更新迭代，那么搜索引擎公司其实可以让所有员工一年不工作，只是在家待着，而这对产品以及收入基本没有影响。

这种全员放假的情况对于物流公司甚至沃尔玛而言，是不可想象的。如果他们全员放假，公司将面临巨大危机。

搜索引擎这种另类的公司一出现就表现出与过去迥异的竞争特质，这在和微软的竞争过程中体现得特别明显。

微软在起点上错失了浏览器这个产品，为了让自己的 IE 浏览器在竞争中获胜，1997 年 10 月，时任微软首席执行官和董事长的盖茨不顾反垄断法《谢尔曼法》的限制，决定免费发行 IE 浏览器，并将 IE 浏览器捆绑在 Windows 操作系统中销售，导致网景这个市值一度接近 100 亿美元的公司陷入困境。

很有趣的是，微软并未重视甘冒《谢尔曼法》的巨大风险才取得的胜利果实。IE 浏览器这一产品最后被扔到了一边，公司一度停止了对 IE 浏览器的更新。

在谷歌发布 Chrome 浏览器时，微软曾经战胜网景的策略已不再能够遏制 Chrome 的崛起。最终，Chrome 取代 IE 成为主流的浏览器。

对比这两次竞争，我们可以发现，微软与网景的竞争是纯粹的单一工具（浏览器）的竞争。在这种竞争中，当产品差距不大时，渠道本身就是决定性力量，而在那个年代，不可能有比 Windows 更强大的渠道了，所以网景很快败下阵来。

微软和谷歌之间的竞争，不仅仅是浏览器的竞争，也是搜索体验的竞争（微软不可能捆绑谷歌的搜索引擎）。搜索体验的竞争是数据与智能的竞争，搜索的体验固然取决于数据，但更取决于算法的智能程度。

最终的结果提醒我们，智能组织衍生出的产品在竞争时，智能程度高者胜出，渠道的影响力被大大削弱了。所以，微软用同样的方法无法打败谷歌。

搜索体验的竞争并未终止于谷歌的胜出，大模型的崛起为这场竞争提供了新的要素，微软与 OpenAI 的联手事实上改变了自己过去在智能方面的弱势地位。后续走势如何，且让我们拭目以待。

虽然目前没有人去系统地总结智能组织的威力和效能，但企业家们敏锐地察觉到智能组织的强大威力，他们也不愿意让智能组织只局限于数字空间，于是早早地就开始智能组织与现实物理空间的结合尝试。

我们一度将这种形态称为 O2O、数字化、中台等，但细究其本质就会发现，这实际上大多是在尝试构建智能组织。

其中，比较典型且极大地改变了我们生活方式的产品是外卖和打车。

千万人规模的公司怎么管

在我所居住的小区与高铁铁路之间有一个早市，早市中有家很受欢迎但没有信息系统的早餐店。去的次数多了后，我便发现，一旦同一时间段的客人超过 10 位，店员们就开始显得手忙脚乱，要么是记不清楚打包不打包、要么就是根本不记得客人付没付过钱等。他们店里的五六个人分工明确，即负责收银、制作早点和交付早点。虽然人也不少，但还是忙不过来。一旦客人抱怨多了，老板就会生气地嚷嚷："要不我给你退钱吧！"所以在正常的管理水平下，五六人在 10 分钟内服务十几个人也没那么容易，假如变成需要管理一百万人去服务几千万人，那又该怎么办呢？

我们每天都在使用的外卖或网约车服务正是类似的情况。现在的结果是，同一时间，不管是几千人还是几万人使用相应服务，都有外卖小哥把东西送到我们的家门口，并且速度越来越快。

在传统思路下，这根本不可能实现。毕竟这背后牵涉了太多的角色和异常情况，有炒菜的店家，有口味独特且四处分散的消费者，有小蜜蜂般忙碌的外卖小哥，有炒了菜没人送的情况，也有送到了却没有人接收的情况等。

在互联网发展至后期，当时的杰出企业家们几乎不约而同地想到采用类无人公司的模式来解决上述问题。

首先要建设一个知道整体情况的"大脑"，在互联网时代，这个大脑并不是现在经常被提及的 AI 大模型，而是存储全局数据的数据库以及基于这些数据的各种算法组成的系统。

然后给这个大脑配上"眼睛"和"耳朵"。它要能够实时知晓外卖小哥的位置以及是否空闲，哪个用户在何处订购了哪家的外卖。一度，这些被称为基于位置的服务（Location Based Services，LBS）。

当然，它要有行动能力，不能每件事都请示上级和等待审批。它需要直接给特定的外卖小哥派单，并跟踪最终结果。在这个过程中，还要提供导航服务，让用户看到配送进度等大量细节服务。如果一切都做完了，后续还要结合补贴等因素计算外卖小哥的收入。

解决这些问题正好彰显了初级无人公司的强大威力，达成了让用户在可接受的时间内拿到自己的外卖这个核心目标，同时也成功地控制住了运营成本。

根据美团 2023 年的财报，基于这样的系统，其全年营收达到 2767 亿元，并且实现盈利。其雇员总数约为 11.4 万人，根据美团同期发布的《美团 2023 企业社会责任报告》，美团体系内的外卖骑手数量约为 745 万人。

可以进行简单对比：如果不是智能组织，而是基于过去的组织方法，那不管是科层制还是业务单元（Business Unit，BU）制，我们都无法运营外卖这样的业务。在传统方法下，管理100万人所需的管理成本极高。如果按1人可以管理10人计算，那么不干活的管理人员将会超过10万人。这样的公司不但无法运营，即使运营了也难以盈利。

上百万个外卖小哥的工作结果核验、薪资结算等事项，需要雇用多少人才能准时完成呢？

即使能够完成，内部各种人际摩擦又将吞噬掉原本利润并不丰厚业务中的多少毛利呢？

在外卖、打车这几个比较垂直的领域，唯有基于传感器、互联网构建的初级智能组织，才可能将商业模式从不可能变成可能。算法使得内部协调成本降低了好几个数量级。

这个故事并未结束。等到抖音崛起，待管理的主播数量又上升了一个数量级，即使在美团的基础上按线性扩张，也依旧难以承受。但这就是类无人公司的神奇之处，它无须线性地扩张人数。抖音整个事业部的规模，也就和美团的一半差不多。

对抖音而言，因为主播不属于公司，所以公司整体运营实际上和搜索引擎一样，是按照无人公司的模式在运转。只不过由于此前的算法没有那么强大，抖音配置了大量的人员来支持这套代表无人公司的系统，否则，它可以像搜索引擎一样，即使全员放假也并不影响产品体验。

外卖、网约车、抖音这类公司的运转方式已经和传统公司大不一样了。在组织的两个典型职能中，它们将组织协调工作，也可以叫管理运营的绝大部分任务委托给了算法。在此前的许多系统里，是系统服务于人，而在这些系统中，大多数人开始服务于系统。

这样的系统威力显而易见，但在缺乏通用且强大的 AI 的情况下，并不是所有公司都适合构建这种系统。在各种尝试中，失败的案例要远远多于成功的案例。

数字化的艰难曲折

某些领域智能组织的辉煌成就极大地触动了各行各业。在数字化的主题下，众多公司纷纷开启了前赴后继的探索尝试。

链家为确保真房源，派遣众多员工携带专门设备持续采集数据，接着开始构建经纪人的合作机制。在过去，房产中介人员处于囚徒困境。因为只有最终成交者才能拿到报酬，所以每个中介人员都会尽可能把好的房源藏起来。这显然会对整体成交率产生负面作用，也会拉低每个人收入的天花板。

鉴于这种情况，链家开始建立一种中介之间的竞合网络。

他们将交易过程细化为 10 个任务，并对应设置了 10 个角色，这 10 个角色按照各自贡献分享中介费。房源端分为房源录入人、房源维护人、房源实勘人、委托备件人、房源钥匙人；客源端则是客源推荐人、客源成交人、客源合作人、客源首看人、交易金融顾问。同时，对每个角色的工作范围也进行了清晰的定义。

同时，在交易系统中固定了不同角色的分成比例，以避免单人捂住房源，从而推动行业在竞合中发展。链家取得了相当可观的成绩，但我们知道，只有较少一部分企业在数字化方面取得了进展，更多的企业则是巨大投入下获得的收益并不明显，甚至没有收益。业界流传甚广的"上 ERP 找死，不上 ERP 等死"正是这种现实的写照。

在这种并没有很高技术难度且获得巨大资源支持的领域，却出现了大批量的失败案例，这引起了很多人的好奇，促使人们对此进行总结研究。

一种典型的观点认为：重构组织所产生的运营成本要大于导入新系统所带来的收益。

我则更倾向于将问题表述为，企业所期望的智能程度并不是过去技术所能达到的，所以必须进行诸多组织变革，以降低对新系统的"智商需求"，而这种组织变革的成本是高昂的，超出了对应企业的承载能力。

根本的问题是智能供给不足。毕竟我们并未看到有哪个公司不能成功地导入钉钉等工具。

这种智能不足的情况可以通过类比管理 100 万个外卖小哥和管理 200人规模的公司更清楚地感受。二者之中，哪个需要更高的智能呢？

后者所需的智能既要覆盖整个公司的各个角色，如从招聘到市场、从研发到销售，也要涵盖所有现实中会发生的活动，如从开发到仲裁、从售后到运维。这背后的综合程度以及对智能的要求必然远高于仅对外卖小哥派发任务、检测工作是否完成以及评估绩效等方面。

也就是说，管理 200 人规模的公司需要更高的智能供给，其对智能的需求超过管理 100 万个外卖小哥。规模不等于复杂程度，这就如同很多动物的体重都比人类重，但不管怎么成长，智商也不会超过人类。

过去的算法所能构建的智能程度只能覆盖类似外卖小哥的场景，而一旦超过某个智能上限，每次努力一下都会有一点进展，但一直在接近某个限度，永远不能达到这个上限。最终结果就是一直在改善的过程中耗费了大量成本，却始终不好用，更不符合预期目标。

尽管在 AI 大模型出现之前，某些想法的尝试就像堂吉诃德挑战风车那般不切实际，但我们可以发现，在过去半个多世纪里，中外企业家们似乎在不约而同地冒着很大的风险，有意识或无意识地朝着智能组织的方向努力前行。

这内在的原动力到底是什么呢？

企业家们在追求什么

从个人传记来看，史蒂夫·乔布斯（Steven Jobs）虽然极为杰出，看起来温文尔雅，但实际上暴躁且冷酷。人们会尊重、崇拜他所取得的成绩，却并不真正地愿意与其共事。

那么，究竟是什么塑造了这种特质呢？

当你不停地用竹竿去撩拨老虎，不让它睡觉时，它会变得暴躁；当肉食动物总是处于生存危机时，每当看到食物，它都会毫不犹豫地按照捕食策略出手，表现得极为冷酷。

当一个人每天看着投入了几千万元的产品却毫无声息，该产品的日活还快速下降，现金流又逐渐枯萎的时候，他就会时刻感受到生存的威胁，从而逐渐变得冷酷。

然而，这样一些历经风浪的人，为什么又会集体地去加注类似数字化、无人公司这样的方向呢？毕竟这是已经被证明过成功率极低的领域。若是与缺乏投资经验的人探讨一个投资失败概率高达 80% ~ 90% 的项目，正常人有钱也是不会投的。

核心原因是这种选择日渐变成生存问题，而不是单纯的效率问题。

我们可以像托马斯·霍布斯（Thomas Hobbes）一样，将公司比喻成一个执剑的巨人，但因为内部特质的不同，这种巨人会千差万别。有的会像游戏《植物大战僵尸》里凶恶但总是慢悠悠的僵尸，有的则像电影《终结者》里的液态机器人 T1000。相较于僵尸，液体机器人的优势有两个：一是速度；二是具备足够的柔性，哪怕只给个门缝，它也能液态化并钻进去。这样，即使僵尸的力气更大，也肯定打不过液态机器人。类似地，一个公司如果陷入僵尸化状态，那么即使力气更大，也打不过身段柔软、突破力足够且响应神速的企业。在这种情况下，无论企业的首席执行官多么英明神武、制定了多么高明的策略，也抵不过生命特征上的劣势，极易陷入生存危机。

那么，为什么有的企业会像僵尸，有的企业会像液态机器人呢？这与信息传导与反馈速度有关。

当竞争足够激烈时，信息就会变得极为庞杂。在这个时候，企业中本应更加有效的信息传导通路往往朝着劣化的方向发展。大家都看过娱乐节目中的传话游戏，这在企业里每天都在发生，并且由于责任、利益等因素的影响，现场信息的扭曲程度远甚于传话游戏。企业的层级越多，信息的扭曲程度越严重。

并且此事不可改善。

人类的信息处理能力和时间都是有限的，若想折叠信息的层次和细节，就必须设置层级，而一旦设置层级，就必然产生信息扭曲。

更深层的矛盾在于，当变化加快时，待处理信息的量级与日俱增，近乎无限。但不管你怎么设置组织结构，它吞吐信息的量级也是有限的。

反馈变慢且失真，必然导致行动迟缓且错误百出，导致企业日渐僵化。随后，就会持续提升企业的运营成本。一旦扩张的边际成本大于边际收益，企业就无法实现增长，甚至难以生存。

在这种情况下，旧式组织就会走入死胡同，每天口号喊得震天响，但问题却越解决越多。

带队的企业家会很像三个和尚挑水故事中下山挑水的小和尚，若想多挑点水，就需要更大的桶和扁担，但自己的力气只有那么大，桶和扁担越重，能挑的水就越少。

所以，必须有一种工具或者向智能组织方向进化，以此辅助抑制熵增。过去的信息技术、互联网技术，以及现在的 AI 技术，都在一定程度上扮演了这个角色。

沃尔玛、链家通过这种方式提升了自己的业绩表现，谷歌、外卖则通过这种方式让原本不可能的业务变成可能。

当这种动力与 AI 技术结合时，就会持续推动公司形态朝着无人公司的方向迈进，成为无人公司背后源源不断的推动力。

　　通过回顾过往，我们会发现，无人公司的实现实际上是一个渐进的过程。为了区分这一过程中的无人公司和最终形态的无人公司，在后文中，我们会将由算法驱动的各种程度的公司称为"智能组织"，而将其极端值称为"无人公司"。在下文，我们将尝试为智能组织和无人公司提供一个更精准的定义。

04

未来的无人公司

在观察生物进化树时，我们经常会看到鸭嘴兽这类独特物种，它是哺乳动物却卵生，外形也很像是被缝合在一起的，以至于当年科学家第一次拿到它的标本时，四处寻找缝合线以证明这纯粹是一场恶作剧。

如果把现在的公司类比为爬行动物，把无人公司类比为哺乳动物，那么前一章提到的各种尝试结果基本就处于类似进化树里鸭嘴兽的位置。

每个公司其实都在不停地为自身加装各种智能产品或系统，有时是为销售人员配备一个 AI 助手；有时会将考勤方式替换成刷脸模式，有时则尝试运用数据中台来汇总所有的运营数据。这些过渡性产品并不是最终形态的无人公司，但确实体现了进化的方向。

从现在看未来，往往容易只看到这些产品的合理性。因此，我们有必要将眼光从它们身上挪开，转而从未来看现在，去探究最终形态的无人公司以及大批无人公司涌现后的世界到底会是什么样的，这样便容易发现当下的缺陷和应该前行的方向。

每个公司都是"黑客帝国"

搜狗创始人王小川在接受采访时，曾提到自己最喜欢的科幻电影之一是《黑客帝国》。他觉得这部电影讲的是一个关于空间维度的精彩故事，人们在一瞬间就能知晓世界的模样，堪称经典中的经典之作。

的确，这部首映于 1999 年的科幻电影在很多人的心中有着无可替代的位置，包括我。它的故事非常奇诡，宏大的背景设定是当 AI 统治世界后，人类沦为给 AI 提供能源的"电池"，而为了避免人类成批地死去，AI 还很贴心地为人类创建了一个大型元宇宙，极为逼真地模拟了 20 世纪 90 年代的世界，虽然现实中已不知是多少年后。人类的精神接入其中后，就这样无知无觉地生活在一个虚假的世界里，并且心甘情愿地充当 AI 的"电池"。但有一部分人觉醒了，他们不甘心如此，于是故事就展开了。

在电影里，AI 的世界被称为矩阵，全由代码、模型和数据构成，人类可以通过脑波接入登出。这个矩阵既可以对现实进行仿真，也可以是一个纯粹虚拟的世界。

在 AI 的世界，存在维护自身秩序的特工。这些特工专门清除觉醒的人类或破坏者，正好也被称为 Agent（AI 智能体的英文是 AI Agent，电影中的大反派则叫 Agent Smith）。

AI 可以派遣机器人对现实进行扫描和巡视，并执行具体任务。电影中将这部分机器人呈现为外形恐怖的多爪机械章鱼。

这些正是在向无人公司方向进化时所展示的基本特征。在进行新产品开发时，你可以感知得非常清楚，这与电影中的细节不一样，但角色本质是一样的。

无人公司通常会有一个中心，这个中心负责整个世界规则的制定和冲突的裁决（如同电影中白胡子老头所代表的架构师一样）。当然为了做到这一点，它能够感知世界的全部信息。

无人公司需要有 Agent（电影中 Agent Smith 一类的角色）来维护自己数据的精准性和系统的正常运行。

同时，无人公司需要实时感知现实，了解当下正在发生什么，并及时采取行动。

有了这个意象后，我们就会进一步发现，现有的许多互联网超级应用在很大程度上都走在这条道路上，只不过智能水平太低，需要调集大量的运营人员来辅助系统，以确保它能正常运行。

短视频、外卖、电商等都是如此。在 AI 力所不能及的地方，有运维人员在支持系统的平稳运行，有客服人员在帮助用户排查各种使用问题，有业务合作人员在洽谈各种合作以扩展系统的版权内容。

《黑客帝国》的空间无界性落到现实中，正好与我们很多时候孜孜以求的指数型增长相关联。

指数型增长与 10 倍收入差异

当一个企业真的能够每年实现业务指标翻倍甚至更多的时候，其增长曲线会类似 $y=a \times b^x$，而不是 $y=a+bx$。所以在过去，人们往往将这种增长称为指数型增长。无人公司带来的关键变化之一，便与这种指数增长密切相关。

1. 指数型增长可以普及吗

这种新增长模式在手机业务的预测上曾经"完胜"专家的预测。

回到 2002 年，那时专家们预测移动电话行业的年增长率平均为 16%，但实际到了 2004 年，该行业实现了翻倍增长。

第二年继续预测，年增长率被调整为 14%，结果还是被现实证明预测错误，该行业继续翻倍增长。

然后这个看似无聊的故事持续到 2008 年。每年预测都不准确，而每年都翻倍增长。

为什么会有指数型增长（实际上增长曲线不可能是指数曲线，但我们还是使用这个词）呢？

假设有两个从事围棋培训的机构，其中一个基于人类老师进行教学，另一个则基于已经达到顶尖水平的阿尔法围棋。我们假设阿尔法围棋的模型又进化了一点，不但能走出好棋，而且能对每一步进行解说和培训。

这时，基于人类老师进行教学的公司进行扩张时，既要受到优秀老师数量的限制，又要受到老师业务能力的制约。即使做出一定的口碑，也无法迅速扩张。这里的核心是如果扩张本身依赖具有特殊技能的人，那么在扩张中，一旦具备特殊技能的人数量跟不上，服务质量也可能下降，然后其增长过程就会被打断。企业的人员能力和成长的速度基本成正比，这就会引起线性增长。

基于阿尔法围棋的公司则不遵循这个增长过程，在早期产品不成熟时，需要公司反复打磨，甚至可能不增长。一旦产品成熟并获得了良好的口碑，由于供给端没有限制，就可能会迎来爆炸性增长，这体现到增长曲线上，便是呈指数型增长。形象地讲，一般增长的威力更像传统的火药，指数型增长的威力则更像爱因斯坦质能方程 $E=mc^2$ 所代表的核爆。

指数增长的内因在于可以实现产品驱动型扩张，外因则在于信息的流速和质量。而无人公司恰恰在这两方面都能够为公司带来巨大的改善效果。

至于经常提及的网络效应，有则更好，没有也无妨。

2. 你的收入可以翻 10 倍吗

那么，指数型增长会带来哪些实际差异呢？能否进行指数型增长会导致巨大的人效差异。

在一众比较耀眼的 AI 初创公司中，Midjourney 这款根据输入文本生成图像的 AI 产品的成绩一度非常耀眼。

人们之所以记得这家公司，核心原因在于它的员工只有 11 人（含 1 名创始人、8 名研发人员、1 名法务、1 名财务），但其每年收入高达 1 亿美元。这意味着平均每人一年的人效约 900 万美元。

这是什么概念呢？超过腾讯的 10 倍。

腾讯 2022 年的收入为 5545.52 亿元，当年共有 108 436 名员工，平均每人每年创造的收入约为 511 万元。即使美元兑人民币的汇率按 1∶6 来计算，Midjourney 的人效也是腾讯的 10 倍以上。

这会影响什么呢？影响每个人的收入。

2022 年腾讯的薪酬总额为 1111.82 亿元。以此估算，腾讯 2022 年员工人均年薪为 102.53 万元。而腾讯能够付得起这个薪酬的原因，与它的平均人效密切相关。毕竟一个平均人效只有 100 万元的公司，怎么可能付得起平均 102.53 万元的年薪？

对于 Midjourney，我们不知道它真实的薪酬状况，但理论上它的薪酬在某些年份可能是腾讯的 10 倍。

在过去，指数增长是稀缺的，只有极少数公司能够做到。比如，具有网络效应的微信、算法驱动的搜索引擎，以及将某类产品做到极简且把渠道发挥到极致的脑白金。

"黑客帝国"式的智能组织，将会因充分数字化和智能的深层介入而改变供给方式，进而让每个企业都有能力跑出自己的指数增长曲线。

比如，出行本来不属于这样的领域，但自算法驱动类的打车公司介入后，游戏规则发生了巨大变化，与只有线下出租公司时大不相同。这些公司因此具备了指数增长的潜力。这类无人驾驶出行服务公司一旦技术过关，也必定能够跑出指数增长曲线。

指数增长并不都是好事，其另一面是指数型衰落。指数型增长必然会带来指数型差距，一旦这种差距产生，往往难以追赶。对成功者而言是指数增长，对失败者而言必然是指数型衰落。

两个处于相同领域的企业，一个是指数曲线增长，另一个是线性增长，会产生什么样的结果呢？后者会很快失去竞争资格，迅速走向失败。

假设二者都以智能为根基重塑了组织形态，都具备了指数增长的能力，那么在竞争时又会遵循什么样的规则呢？

竞争对决智能高者胜

《孙子兵法》中这样定义"势"和"形"：

转圆石于千仞之山者，势也。

决积水于千仞之溪者，形也。

随后，"势"和"形"在围棋中也成了比较常用的概念。没有这两个概念，人类棋手估计都不知道怎么下围棋了。但阿尔法围棋是不懂得"势"和"形"的，它相当于重新理解了围棋，并成功战胜人类高手。

这说明了一个问题：在某些情形下，折叠信息并进行"势"和"形"这类依赖直觉的模糊判断，其效果不如精准地"算"。

在生活中，我们会感叹："人生得一知己足矣，斯世当以同怀视之。"可与此同时，我们却发现基于大数据的推荐算法越来越了解我们的喜好。那么，在抖音这类平台的背后，谁才是你的知己呢？

这是两种情景的转置：一种是将类似"势"和"形"的战略问题转置为智能视角去重新理解围棋；另一种是将心灵问题转置为智能视角下

的行为特征，并且成果显著。实际上，在智能视角下既没有"势"和"形"，也没有心灵。

如果说核心的竞争要素都可以被转置，那么最终规则会变得比较简单，信息越充分，竞争就越激烈，未来公司的竞争越发会回到一个基本常识：在竞争对决中，智能高者胜。

在进化过程中，当觉醒的人类与狮子、老虎等竞争时，不管狮子和老虎多么凶猛，不管它们的嗅觉、反应速度、力量要超过人类多少倍，它们最终也会失败。正是智能的优势让人类在竞争中脱颖而出。

智能组织会越来越像生命体，它们之间的竞争也会越来越遵循生命体的基础规则。在互联网时代，搜索和个性化推荐相关产品已经反复验证了这条规则。

大归并与新图景

每个公司都可能变成像《黑客帝国》里的矩阵一样强大，能够走出自己的指数曲线。在竞争中，智能高者胜，那么这会引发什么样的市场景象呢？

1. 开场就火力全开

在过去，如果你在苏州开了一家百货商店，我在铁岭开了一家，那么咱们之间没有任何竞争关系。

到了互联网时代，就行不通了。你开展团购业务，我也做团购业务，只要开张营业，我们就是友商或竞争对手，与你位于哪个城市没有关系。

互联网消除了空间阻隔，形成了统一的市场。

结果就是硝烟过后，在很短的时间内团购行业经历大混战，最终只剩下几家公司仍在从事团购业务；一众打车公司，也只剩下我们主要还在使用的几个。

到了 AI 阶段，竞争将变得更加激烈。在团购领域，竞争是逐步升级的，从较小金额的补贴演变为更大金额的补贴。而在 AI 领域，竞争从一开始就是最大资源投入的全面对抗。

想象一下，我们生活在一个 AI 高度发达、市场超级统一、无人公司已经十分普及的时代，这时人类仍然是世界的中心，世界也足够富裕，所以零售服务业非常发达。我们想要开办一家类似 7-ELEVEn 的便利店。

在传统模式下，这需要进行选址、招聘店长等一系列相对比较长的流程，流程中的每个决策都要遵守公司的既有规定。

现在，我们切换到无人公司的视角。无人公司中只有权限设置、角色分工，没有人类那种为了权力制衡和责任清晰而设置的层层审批流程。所以，代表公司进行决策的 AI 会同时扫描整个目标区域，只要给这个 AI 输入的数据足够充分，就不会是逐个进行决策，而是在很短的时间内就选出成百上千个适合开办便利店的地址。

在现实中，为稳妥起见，大概率在是否分批次、每批次开办多少的环节会有人介入进行复核，以控制风险。这会拖慢一点节奏但不是大问题，因为决策所依赖的事实和数据是清晰的，需要判断是否能承担对应层级的风险。

随后也无须逐一开办，假如审批和资质可以变成 AI 之间的对接，那么从审批到租赁，再到装修，便都可以由 AI 在后台驱动完成。只要资金足够，那么想同时开多少家就开多少家。

无人公司（便利店）由无人公司（装修、设计等）完成前期的准备工作。此后的选品、开业、调整品类的最小存货单位等环节也都可以在 AI 驱动下完成，无须招募店长、店员。

有可能某些店选址不准，就迅速予以淘汰，再根据现金流情况继续开办新店。

这样的便利店开起来后，第一波对决其实是传统的、不在无人公司进化路线上的便利店。

这时，传统公司的优势只剩下人与人之间交易时的感受，而在效率、成本等方面会完全处于劣势地位。由于感受大概率不敌效能，第一场竞争可能会在很短的时间内发生并结束。无人公司可能会吞并掉传统的便利店。

随后，第二波对决则是无人公司之间的对决。与此同时，也有人看到这个机会并同步开启了自己的业务。这时，就会有几家无人公司在便利店领域展开竞争。

这就会演变成两个 AI 之间的对决，谁算得更快、更准，谁就可能取得胜利。而算得准不准体现在商品种类的差异，投入 1 元赚几角钱的利润率不一样，资金周转的速度也不一样。

如果双方实力相差不多，那么就可能迅速进入充分竞争的状态，谁都不赚钱。在经过一段时间对各自实力雄厚程度的较量后，会发现需要进行归并，否则大家都会持续亏损。

过去的便利店竞争动辄需要几十年的时间，但无人公司真正崛起后，竞争将会缩短成几年甚至一年内决出胜负。正如我们前文所讲的，这是开场即终局的竞争。

在现实中，前些年有团队向上面说的便利店方向发起过冲锋，却限于当时 AI 的智能程度不足，并未取得类似外卖领域的成功，在第一场战斗中就败下阵来。但随着 AI 水平的不断提升，这两种模式未来必会再战一场，那时，胜利的天平大概率会向无人公司这一侧倾斜了。

2. 现有巨头前途未卜

开场即终向的竞争虽然猛烈，但还局限在竞争对手之间。而通用型产品对专有产品的覆盖和折叠则带有一种"消灭你和你无关，只是顺道"的意味。

数码相机在 2010 年的出货量一度超过 1 亿台，但是这一年却成为它由盛而衰的转折时期，到了 2019 年，已经不足 1000 万台。

我们当然可以争辩说，数码相机在如今比任何一个时代都要好，毕竟摄影始终是智能手机最常用的功能之一，每部手机都相当于一部相机。对用户来讲，这在一定意义上是对的，但对厂商来讲，这完全是另一回事。在这里，我们再也看不到佳能、尼康、索尼等品牌的身影。对这些厂商而言，它们估计也未必会想到，彼此间近半个世纪的激烈竞争，会终结于苹果公司的一款手机的发布。

这一情况现在看来很可能在 AI 产品上再次上演。

苹果公司发布 Siri（一款智能语音助手）之后，各种 AI 助手如雨后春笋般冒了出来，有想帮你订外卖的、有想帮你解决日常工作问题的、有想帮你播放音乐的，但很可惜的是，没有哪个 AI 助手真正有用。

能存活下来的 AI 助手也更像大餐中的配菜，处于一种可有可无的窘境。这和 Siri 刚推出时，时任谷歌首席执行官的埃里克·施密特（Eric Schmidt）所惊呼的"这类产品会对搜索形成根本性威胁"，实在是相去甚远。

直到微软推出基于 OpenAI 这款 AI 大模型的新产品 Copilot（一款 AI 助手产品）。

该产品在早期很像我们所说的大模型套壳，与过去的 Siri 并没有本质上的区别，后来它把各种 Office 工具都融合到一起，只要说话，就可以使用它来生成各种内容。这应该是这类助手产品创造大规模收入的第一次突破。

如果 Copilot 真的像预期那样，变成每天都在用的工具，之后又会发生什么呢？

对话与我们每天操作的各种图形用户界面的不同之处在于，对话中可以包含无限的内容，而图形用户界面主要依赖分类（菜单、图标等），一旦放太多，人们就记不住了。所以，基于对话的产品几乎什么都可以做，而基于图形用户界面的产品必须限定功能范围。比如同样是 Office 软件，却必须分成字处理、幻灯片、电子表格等不同功能模块。

既然具有无限扩展性，那么理论上就可以往成功的产品里装入越来越多的功能。在编程时，我们可能想用它；搜索时，可能也想用它；压缩文件时想用它，记事时也想用它。

一个成功的通用产品折叠掉无数个专有产品的情况在这里将会再次发生。而且，这比前面所说的手机威力还要彻底。因为手机存在物理限制，导致能够折叠的功能是有限的，而在通用智能的支撑下，Copilot 这类产品的折叠能力近乎无限。

当 Copilot 这类助手产品足够强大时，如果微软对决脸书的社交产品，谁会胜出呢？

答案很可能是微软。微软的智能创造深层价值牢牢吸引了用户，进而反向做连接是有可能的。但反过来则不成立，连接的价值是确定的，所以脸书实际上处于极其被动的位置。到了某个特定时点后，浅层价值是无法对抗深层价值的整合的。

未来，有一种可能性是，当微软真的凭借 Copilot 吸引到足够多的人时，就有可能在一夜之间夺走脸书的大量用户。因为微软和人的锚定更深，并且这种深度几乎无限。极端情形是所有的 AI 助手都将在微软这里诞生，然后它会变成一个超级应用，成为新的信息流转通路中的超级节点。

到那时，数据的边界才是 AI 助手类应用的边界，同时也是背后支撑对应产品的无人公司的边界。

这意味着什么呢？

无论是在国内还是在国外，大量的 App 都可能会消失重整，产业带格局也会随之重构。而产业格局的重构意味着现有的巨头企业会被淘汰一批。

技术特征决定了产品边界，产品边界又进一步决定了无人公司的边界和产业格局。

3. 工作可以不为赚钱吗

每个无人公司都可以看作构建在 AI 大模型之上的一个 App。所以，前面提到的竞争模式与无人公司的类型并无关联，而是普遍适用于所有行业。

类似的归并情形在无人软件公司这样的服务型公司身上，一样会潜在地发生。

如果我们所创建的无人软件公司能够借助智能突破自身交付的边界，那么所有的软件开发外包公司在很短的时间内便会失去存在的价值，其业务将会归并到这家无人软件公司。这一过程与上面提及的便利店很像。

同质的公司之间的竞争会迅速得出结果，失败者或被归并，或消失。只有异质的公司才会并存，毕竟无人软件公司无论如何也不会与无人驾驶主导的出租公司竞争。

这时，智能和数据的边界就是企业的竞争边界。

如果我们再想得远一点，当我们真的迎来一个足够强大的通用智能时，企业会变成什么样呢？

在这种情况下，无人公司的边界或许就是文明的边界。

那么，文明的基础要素是什么呢？

在能源、材料这些物质要素之外，最关键的就是智能。产权区分了能源材料的归属，而智能在过去由于一直处于人类的唯一供给且供不应求的状态，所以我们经常感叹"人才难得"。

那么，假如在某个限定范围内，能源、材料、智能都变成公共基础设施，将会怎么样?

这时很可能会这样:一个很像抖音后台的超级智能体支撑起所有与组织相关的基础设施，人们如同使用水电一样使用它、共享它。每个人则很像一个个主播，只须依赖这个巨型智能体，每个人都能够完成自己的设计、生产、制造等过去一个公司才能完成的所有工作。

如此一来，便可以构建一种高度个性化、多点多维的供需循环。你可能只有几个用户，却能为他们提供独有的产品或服务。

当然，目前 AI 的水平还远不足以支撑这样的情景实现，但这种潜在的未来似乎是美好的，不是吗?

至少不用再在半夜把团队成员喊起来回到公司，每个人再也不用不情愿地完成自己不得不完成的工作。在这种组织结构里，人和 AI 找到了更佳的融合方式。你想做的事与你为了赚钱必须做的事，在这里有望合二为一。

规则与活力、刚性与灵活的统一

我曾在很多公司工作，也曾自己创业，但几乎都很难让组织同时具有刚性和柔性。

在类似工厂的组织中，规章制度明确，执行力度强，但这种模式往往缺乏应对变化的灵活性。

相对地，在类似研究院的组织中，规章制度较少，个人自由度较高，组织的柔性增强，能够灵活地应对变化。但这种结构也容易导致组织涣散，缺乏一致性，从而可能滋生各自为政、心思各异和小团体主义。

为了适应外部环境的变化，组织往往需要在两种模式之间不断调整。从公司员工的视角来看，公司采取的措施有时可能显得不那么合乎情理。

1. 人类的死结

后来我看多了案例，进一步发现这似乎是人类的死结，只不过杰出的人能够平衡得稍微好一些。

埃隆·马斯克（Elon Musk）如今因特斯拉和太空探索技术公司（SpaceX）而声名大噪，并经常被冠以"钢铁侠"的绰号，他大概是继盖茨和乔布斯之后备受推崇的科技类企业家之一。如果回到他事业的起点，我们就会发现，他和我们很多创业团队一样，受困于人类的各种基础问题。

在马斯克第一个创业项目 Zip2 上，曾发生核心领导层的冲突、与资本方的冲突以及和员工的争议。总体来说，典型的创业公司会碰到的问题，马斯克在这个项目上都遭遇了。

公司的管理层包括马斯克和他的弟弟金巴尔·马斯克（Kimbal Musk），二人之间存在分歧。例如，二人对公司发展方向的看法和商业模式的选择等问题的认知不一致。再加上融资后新聘首席执行官的到来，更是让这种冲突有增无减，因而公司在 1997 年一度濒临倒闭。

公司内部还存在关于股权分配的争论。一些员工认为马斯克过于强势，经常强迫他们夜以继日地工作，而在分配股权时却并没公允地考虑到这些，导致离职率高居不下。

所有这些问题导致了公司内部的紧张气氛和不满情绪，最终对公司的稳定和运营产生了极为不利的影响。但 Zip2 在那个时候算是足够幸运的。1999 年，这个公司被康柏电脑公司（Compaq Computer）收购，当时的收购价为 3.07 亿美元，马斯克则从中赚得 2200 万美元。

马斯克对这段经历的反省结果与常人相差无几，那就是不能和别人分享核心权力，在关键点上全部由自己决策。这在招聘上体现得非常明显，太空探索技术公司的工程师大部分是顶尖学府的尖子生，前 1000 名员工包括门卫，都由马斯克亲自面试。特斯拉如今每年收到将近 100 万份简历，录用率低于 0.5%。从各种报道看，截至 2020 年，每个员工的录用都由马斯克亲自审批。

与此同时，人类每天能接收的信息量是有限的。如果把人类当作机器写个规格说明书，那么性能并没想得那么高。

阅读比听取信息更快。人类的平均阅读速度为每分钟 10 ~ 1000 字，而听的话就更慢了。这也就意味着，即使人类每天只休息 4 小时，其他 20 小时不间断地阅读，每天至多能摄取 120 万字的信息。

这样，现实的复杂度和变化频次不断增加，使得每个组织以及当事人的传统智慧都陷入了困境。

就像一个技艺高超的铁匠，突然间需要修理复杂的汽车，祖传的手艺一下子怎么也不好使了，不管用力轻重都无法解决问题。

如果我们还是像下围棋时把"势"和"形"问题转置为计算问题一样，从另一个角度反省，将其归结为人类信息处理的"带宽"限制，那么由信任、授权引出的问题就会出现另外的解决方法。

2. 第九生命与联合共生体

智能组织似乎可以解决这个问题，让企业获得规则和活力，同时让人的撕裂感没有那么明显。只要它足够智能，并且人类向它充分授权。

只要智能和算力足够，智能带来的数字刚性和人的灵活性在智能组织里可以大规模释放，并无缝地融合在一起。

智能自身没有人情世故，也不会有工作目标之外的考量。所以在智能的驱动下，可以有设定错误，但不会有暗箱操作、权谋和兵法。它按设定的价值观行使权利，只唯实，而不会唯上，所以注定是透明且刚性的。它可以坚持所有需要坚持的原则。

在这种刚性规则之外，每个人又是极度自由的。就像地球在太阳定义的规则之下，冷热、昼夜等为太阳所规定，但太阳根本不管地球上到底是恐龙说了算，还是人类成为主宰。

这时，最终的组织形态既不会是单纯拥有一个大脑的三体人，也不会是不统一的无数个纯粹自由个体，而是硅基智能和碳基智能的联合系统。

我们可以通过一个简单的逻辑链来推断，在这套系统中，人与 AI 的分工模式最终将如何形成。假如某项工作可以拆分为 N 个步骤，即步骤 1 至步骤 N，人类和 AI 按照步骤的奇偶数来分配任务。在这种情况下，系统的整体响应速度和效能将受限于人类的最高能力。而如果 AI 的能力超越了人类，那么整个系统的效能将受到抑制。

基于此进一步推论，我们会发现未来很可能出现两套系统并行运作的情形。如果参考《思考，快与慢》一书中的概念，那么快速思考的系统显然由 AI 主导，而在需要慢速思考的系统中，人类将占据主导地位。推出阿尔法围棋的谷歌旗下的 DeepMind 公司在论文《智能体思考快与慢：说话者—推理者架构》（Agents Thinking Fast and Slow: A Talker-Reasoner Architecture）中，也提出了类似的想法。

前面我们描绘了无人公司普遍崛起后的图景，每个人看到这里可能都会有一个特别关心的问题：在无人化的过程里，过去的大量的员工都去了哪里？

05
员工去哪儿了

我曾经以 200 人规模的公司为例，分拆过所有的岗位角色，其中包括偏职能的招聘、财务、IT 等，偏技术的产品、开发、运维、测试等，也包括偏业务的市场、销售。然后我发现，虽然现在的 AI 技术还只是能够支撑一些零散的角色转变为 AI，但在当前的进化路线上，只要 AI 的"智商"再有一次类似 ChatGPT 和 DeepSeek 的跳越，那么大概率可以用 AI 智能体来置换一半以上的角色。

过去人类消化互联网的所有技术价值，将它们变成有价值的应用，用了差不多 20 年。与此类比，如果在 5 年内完成 AI 的智能跳越，那么到 2050 年，所有设想的这些就都会变成现实。

这确实可以解决开篇我们所提到生活诉求与 7×24 系统支持之间的矛盾。然而，新的问题变成：如果过去所谓的职业路径绝大部分都变成了死胡同，那么我曾经的同事包括我自己，又该怎样定位未来的自己呢？

毕竟一个不喜欢的工作总还是要强于完全不知道干什么好。

优秀员工不再"优秀"

在反复拆解公司里的各种岗位并与 AI 的智能水平进行对比时，我惊讶地发现，在这一过程中受伤的反倒是优秀员工。

假如我们的一个同事工作非常细致、勤勉、不善言辞，但编程能力很强，交到他手里的任务，他总是能够保质保量地完成，所以在绩效考核时，他总是能获得不错的评价。

近年来，他的处境可能变得有些尴尬，他还是一如既往地优秀，但 AI 让各种程序员的编码能力大幅提高，他所在的团队被裁撤了。

表面上看，这是因为战略调整，实际的内因则是 AI 对生产力的优化，导致某些总部会放弃过去为降低成本而设立的成本中心。

这种调整更本质的含义是这位同事的部分优秀能力被 AI 对冲掉了，并且永远不再回来。

人类要想成为优秀员工，达到上面那位同事的程度还要经历一系列的挑战。人们若想成为优秀员工，基础的理解能力、逻辑能力、记忆力都要比较优秀。同时，还要具备出色的专业能力，也许是编程方面，也许是其他方面。更关键的则是态度，既要主动负责，还要能抗压并自我调节，高度冷静地处理各种被分配的工作。

对人类而言，这无疑是一项重大挑战，所以真正能够持续保持优秀的员工并不多，他们无论在哪里都会备受欢迎。

这些人类稀缺的特质，在面对其他同类时会让人脱颖而出，但面对 AI 智能体时却会被彻底碾压。这些所谓的优点对 AI 智能体而言，就像人类吃饭睡觉的本能，全是基础内置属性。

AI 智能体只有能不能做，而不存在优秀或不优秀之分。所以一旦它的智能水平达标，它就会成为那个岗位上不折不扣的超级优秀员工。

这样，过去的优秀员工反倒是损失较大的。他们因为自己的认真负责、足够专注，可能不具备其他技能，所以灵活迁移到其他工作的可能性，会低于那些原本没那么优秀的人。这与当胶片相机被淘汰时，损失较大的是研究胶片的人，销售相机的人反倒是没受什么太大影响的情况类似。

这种情景在未来上演的频次估计会越来越高，就像那由远及近的暴雨一般，一旦真正来到眼前，所有在雨中还没有撑伞的人会被迅速地淋成落汤鸡。其中，过去以处理信息为主要工作内容的白领所承受的压力极大。

这些白领因为不同的专业属性，被安排在了公司里的各个岗位上，有人是招聘、有人是财务等。然后在各种流程下，员工配合完成预算、交付等各项工作。

这类工作具有什么特征呢？它们通常会被比较清晰地定义出工作内容的边界，如输入和输出。

在 AI 出现之后，岗位的输入和输出越容易被清晰的定义，就越适合 AI 智能体。所以，相比中层，员工的工作更适合 AI 来做；而中层的工作会比高层更适合 AI 来做。

恐龙的灭亡并不是因为它们在原先设定的路线上进化得不佳，恰恰是因为它们进化得太好了，反倒让自己无法适应被陨石撞击后的地球环境。

纯粹从员工的角度看，AI越是发展，企业就越不需要人类员工，而且员工越优秀反而可能越不需要，这是因为优秀员工会更贵一点。

当然，企业不需要人类员工并不意味着完全不需要人类。

企业只需要"马斯克"

回到本书开篇我们所设想的无人软件公司，我们会发现编程等偏向纯粹执行的能力越来越不关键，而价值定义能力将会变得更关键。人类需要告诉无人公司到底做什么有意义。

在过去很长的一段时间里，我们努力精细化分工，使得每个岗位职责更加单一和专业。然而，智能组织到来后，其所推进的分工方向却完全相反。越是综合性高的岗位越适合人类，否则就更适合AI。

以产品经理为例，在过去，因为产品经理做不了产品原型上的各种图，所以需要专职的设计师；产品经理也做不了开发，于是需要专门的架构师。技术层面则进一步细分为前端程序员、后端程序员、运维等。

智能组织出现后，产品经理们会感受到越来越多的工作变化，这种变化如同浪潮回卷一般。

在原型阶段，先是图形用户界面设计的同学可以更快速地给出结果，再后来整个原型阶段不再需要设计师，产品经理自己在AI智能体的协助下完全可以覆盖对应的职能。与产品经理配合的架构师也感受到了这种变化，团队所需的程序员越来越少，到最后基本就不太需要程序员了。一个产品经理加上一个架构师就可以完成小规模产品的开发工作，并且速度和质量都有所提升。在智能组织里，人类角色从精细分工回卷，变得综合度越来越高。

这在呼唤什么样的人呢？

这其实在呼唤有清晰的价值主张，能够定义价值的人，因为"干什么"只能在价值主张上找到答案。什么人会更具备这种特质呢？

这些人会很像我们经常提到的乔布斯或马斯克式人物。这类人的核心角色是什么呢？

在他们身上，价值定义能力被分解成两部分：一个是真正的创新能力，另一个则是市场营销的能力。前者创造新价值，后者实现新价值。

除了坚定地推进特斯拉电动车这一产品，马斯克还曾将特斯拉汽车放到火箭上发射到太空中。乍一看，此举除了吸引人们的注意力，似乎没有什么实际意义，但我们需要估量其他汽车公司必须投入多少广告才能达到相同的效果。即使有同样的影响力，其影响力的质量也不一样，"知道了"和"这真酷"这两种不同认识对后面购买决策的影响力度也有所不同。所以，这无疑是一种顶级的营销手段。

这两种能力很难被 AI 智能体的工具性取代，前者需要无中生有的想象力和坚决的意志，后者需要捕捉并强化人与人之间的某种感受。

也就是说，原本被放在员工身上的各种角色越来越适合 AI，而公司中需要越来越多具有领导者气质的人。

这就是未来人类员工所面临的新挑战：那些不需要清晰价值主张而偏向执行的角色都适合 AI。从这个角度看，未来的企业不需要任何一个如今被定义的、圈在特定职责里面的人类员工。

如果说价值定义能力最为关键，那么它的具体表现到底是什么样的呢？

人人都是钢铁侠

有三部风马牛不相及的电影人物其实可以放在一起看，它们是《隐入尘烟》里的马有铁，《摩登时代》中卓别林饰演的角色和《复仇者联盟》里的钢铁侠。

马有铁是农业时代分工的典型代表，他几乎什么活儿都会干，从种地到养驴，再到盖房子。这时，人们所做的事情往往是多而不精。

卓别林饰演的角色代表了工业革命后精细化分工的结果。在这个时期，人逐渐变成生产过程中的一个环节。在极端情况下，他可能只会拧螺丝，所做的事情专精却单一。

钢铁侠代表了 AI 充分发展后新的分工模式。他和他的 AI 助手 Jarvis 能够完成所有工作。大家仔细观察就会发现，他改进铠甲时似乎没有团队，只有自己和 AI 在那里研究。这好像又回到了马有铁那种什么都自己干的综合状态，实际上却大不一样了。

如果我们认为 AI 技术的飞速发展在未来将使电影中钢铁侠的工作模式变得普遍，那么人类的分工将经历一个"合久必分，分久必合"的循环过程。从马有铁所处时代的无分工，到如今的细致分工，再到未来钢铁侠所代表的无分工模式，这并非简单地回归原点，而是一种螺旋式的发展。回归无分工体现了螺旋式发展趋势；而钢铁侠在无分工的同时，无须再像马有铁那样从事大量的基础体力劳动，而是能够专注于创新产品的研发，这代表了进步。

钢铁侠隐喻了面向未来的强个体形态。

从钢铁侠身上我们可以看到，要想创造价值，需要具备创造力、共情能力和驾驭 AI 的能力。只有具备这些能力的人，才是智能组织里的强个体。

类似的例子在互联网的年代并不少见。

互联网上的搜索引擎等工具降低了写作时获取信息的难度，并使得内容的传播更为便捷，从而显著降低了个人成为职业作家的门槛。与此同时，起点中文网的兴起也见证了无数个人或小团队成功推出作品的历程。

一些网文作家在毕业后并未遵循传统的职业道路，却取得了良好的成绩。比如，2012 年 11 月，一位 25 岁的数学专业毕业生以 2100 万元的版税收入荣登"中国网络作家富豪榜"第二名，这一成就引起了公众的广泛关注。在网文作家的创作过程中，搜索引擎、平台推荐算法等互联网工具起到了类似 AI 助手的作用。尽管这些工具的智能化程度尚不足以完全取代人类的智慧，但它们已经能够大幅度减少资料收集、出版和推广等工作所需的时间，使得创作者能够将更多精力投入作品的创作中。这无疑有助于他们更好地发挥其在想象力方面的天赋和才华。

这并不是孤例。根据 2021 年发布的《2020 年直播带货趋势报告》，我们可以观察到：顶尖主播半年内销售额可高达 200 多亿元，而排名第十的主播销售额仅为第一名的不到十分之一。若将排名降至第一百名，销售额的差距将进一步扩大。相比之下，在传统地摊经济中，即便是不同经营者在同一地点摆摊，业绩的最高与最低之间通常不会超过 10 倍的差异，例如 2000 元与 2 万元。但在抖音等新媒体平台上，主播之间的差异一旦转化为销售额，就可能造成半年内几万元与 200 多亿元的销售额之间，高达百万倍的悬殊。正是新技术，如 AI 助手的辅助，使得小团队或个体更强大，从而产生了这种巨大的倍数差异。

AI 无疑将如同钢铁侠的盔甲一般，进一步强化了这一趋势，并带来更广泛且全面的放大效应，使得上述情况愈发普遍。野中郁次郎提出了一个比较著名的 SECI 模型，将知识的创建与积累视为一个动态且循环的过程。该模型阐述了隐性知识与显性知识之间转换的步骤：

社会化（Socialization）：通过共享经验和直接互动，将隐性知识从一个人传递给另一个人。

外显化（Externalization）：将隐性知识转换为显性知识，通过语言、图表等方式表达出来。

结合化（Combination）：将不同来源的显性知识进行整合，形成新的显性知识。

内隐化（Internalization）：个人通过实践和应用，将显性知识转化为隐性知识，内化为自己的技能和经验。

将 AI 与人类置于同一模型中，我们不难发现，将未知转化为隐性知识的过程更适合人类；而处理显性知识的任务则更适合由 AI 来承担。二者的结合，即人类的想象力与 AI 的执行力的融合，正是增强个体普遍化能力的关键支撑。

不再成为活着的零件

蚂蚁是一种社会性极强的生物，其群落规模跨度极大，从几百只蚂蚁到数十亿只蚂蚁不等。这种群落并非单独一个蚁穴，而是大量蚁穴的联合。不同种类或不同群落的蚂蚁之间，常常会为了争夺食物、领土等资源而发生竞争甚至战争。有些种类的蚂蚁会构建起"超级殖民地"，即由数百万个相互合作的巢穴共同组成的庞大联盟。这些殖民地能够覆盖数千公里的范围，引发的战争堪称地球上最大规模的战争之一。

无论规模如何庞大，蚂蚁社会与人类社会在本质上是截然不同的。正如《蚂蚁社会》等书所描述的，蚂蚁之间的分工与其身体构造密切相关，这种分工实际上是由基因决定的。比如，工蚁负责搬运食物和建造巢穴，因此其颚部异常发达，而不同种类的蚂蚁仿佛是功能各异的部件。在蚂蚁社会中，个体的位置是由这些先天差异决定的。

人类社会原本并非如此，除了性别差异，人与人之间的差异微乎其微，每个人都拥有独立的个体性。然而，自工业革命以来，科学管理等理念实际上推动了人类分工方式向蚂蚁社会的模式靠拢，无论是标准化的工作流程还是对工作步骤的持续细分，都在朝着类似的方向发展。

100 多年前，弗雷德里克·泰勒（Frederick Taylor）等人在挖铁砂等工作中发现了标准化和细致分工的威力。自此往后一个世纪，各个公司基本笼罩在这套思想之下。我们在各个方面和领域重复着分工和计量的过程。

只不过针对其产生的负面效果不停地进行各种修正，一路朝着以人为中心的方向逐步回归。

彼得·圣吉（Peter Senge）在《第五项修炼：学习型组织的艺术与实务》中举了一个很有意思的例子。

美国人的汽车曾经被日本人打得一败涂地，于是他们开始拆解日本车。拆完日本车后，他们发现发动机边上的三个螺丝在日本人那里是三个完全一样的螺丝，而在美国人这里却是三个不一样的螺丝。反向追溯后发现，没有任何特殊理由，就是因为这是由三个不同的部门制作的。每个部门制作的零件都没问题，但放一起就不对了。越是分散切割，这类出现三种不同螺丝的情况就越多。

越是强调分工和计量，却忽视人的作用，上述问题就会越发严重。所以，应该把人当作零件的管理思想开始往回修正，不再强调人作为零件的一面，而是努力强调人的作用。

针对这种情况，我们后文经常提到的精益思想应运而生。它让人重新回到关键位置，并且发挥主动性，对现场问题进行持续改善。

管理的大厦就这样不停地摇摆，虽然不断地被修正，但始终没有跳出精细分工、把人看成活着的零件的这种底色。没有其他原因，核心就在于这种方式好用。

不要以为这是 100 年前的事就已经过去很久了。其实它并未走远。在陷入增长困境时，人们在选择人性化的管理以激活团队，与实施更精细的分工和管控之间，往往倾向于后者。

作为职场的参与者，许多人渴望能够全力以赴，充分展现自己的才华。然而，在精细化分工的背景下，面对多样化的岗位，我们常常需要调整自我，以适应现有的分工体系。

在 AI 兴起的大背景下，这可能是我们这个时代最矛盾的现实之一。我们努力学习，经历大学教育，甚至攻读硕士和博士学位，目的是使自己能够适应现有的分工体系。但在技术的浪潮中，这恰恰成了我们的脆弱环节，因为 AI 似乎蕴含着另一套不完全兼容的新体系。随着无人公司的崛起，第一波被冲击的肯定是这类岗位。

从这个角度看，当 AI 逐渐创造出更多属于强个体的岗位，让每个人回到自身，不再成为"活着的零件"，这样虽然压力会更大，但并不全是坏事。

长出钢铁侠的泥土

要想摆脱活着的零件的角色，"钢铁侠"式的强个体究竟怎样才能成长起来呢？

小野二郎（Jiro Ono），生于 1925 年。他从小就在寿司店工作，经过多年的刻苦学习和实践，磨炼出了精湛的寿司技艺。他精心制作每一块寿司，注重每一个细节，从米饭的品质到鱼肉的配搭，都有着严格的标

准和要求。他的寿司店"数寄屋桥次郎"拥有独特的经营方式，只有 10
个座位，每晚只接待 10 位客人，而且需要提前数月甚至一年以上预订。
在这家店，客人可以品尝到由小野二郎亲手制作的寿司，每一口都是美
味的享受。他还成为一部名为《寿司之神》的纪录片的主角。他的寿司
之旅启发了全世界无数的人，已经成为日本文化中的一个传奇。

"寿司之神"有别于其他声名显赫的创业者，如乔布斯等，他的寿司
之旅只是一个普通人的故事。如果寿司制作技艺可以达到这种高度，那
么其实饺子、包子、馅饼、蛋炒饭、鱼丸等几乎每一个品类都可以。小
野二郎的成功，与其说是聪明才智的成功，不如说是心性的成功。这需
要日复一日地进行很多看似简单的步骤，而后灵光乍现，把其汇合成一
个整体，做出真正杰出的作品。

这类价值创造会回归到每个人自身的努力与才情。二者实际上对心
性提出了更高的要求。当我们足够专注，进入一种神而明之的状态时，
往往就会取得突破。而这其实正是古代儒家典型的治学态度，需要做到
惟精惟一，需要在"静"与"敬"上下功夫。

当你的信念和努力的方向相互契合，再加上你的天分与才情，你就
可能爆发出超过现在 10 倍的力量。这种力量会让每个人变得杰出。

能否在这条道路上走得更高更远，除了先前提及的努力、专精和才
情之外，还必须超越现有的价值认知体系。

在大多数情况下，我们倾向于在既定的分工体系中寻找自己的位置，
而不是直接创造产品或服务，这种价值认知与 AI 崛起后成为强个体所需
要的认知恰恰相反。

对于网红店主、网文作家、带货主播等群体，很多时候我们并没有将他们视作时代的成功者，反而会认为他们的工作是迫不得已的选择，甚至偶尔还会以略带歧视的态度看待他们。"网红"这个词是正面意味更多还是负面意味更多，至今仍然没有清晰定论，但比较确定的是，它并非全然正面。

你若对某个家长说："这个小朋友有天分，未来可以做主播。"家长也会极不愉快，认为你不是在恭维，而是在羞辱他们。这正是我们说的需要超越的价值认知。

矛盾之处也正在于此。在 AI 面前，可能网红店主等更不在其射程之内，因为他们所依赖的想象力、独立视角、共情能力并不是 AI 擅长的。而分工体系中的角色反倒在 AI 的射程之内，无论这个平台多大、是什么性质。

所以，面向未来塑造强个体的关键，首先并不在于天分和才情，而是在于价值认知。合适的价值认知以及相对宽松的环境，是培育出"钢铁侠"的极佳土壤。

06

还需要领导者吗

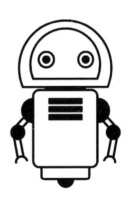

我自身的工作经历比较复杂。近十年，我负责过公司整体的运营与融资工作，还管理过具有一定规模的产研团队。

在思考各个岗位和 AI 的可互换性的同时，我也在思考我所负责的这些一般会被看作领导者的角色，在 AI 面前是不是更具有抵抗力。

结果答案正相反：在面对 AI 时，许多高级管理人员的工作表现甚至还不如普通员工。

真正的战略性工作实际所占用的时间很少，大部分时间都在进行日常协调，比如到哪里寻找优秀员工，确定哪一部分工作应该由谁负责，进展有问题时要及时纠偏，确定什么样的考评结果更合适，思考预算应该怎么做，甚至员工之间发生争论时，需要判断谁对谁错。

高级管理工作有时并不高级，并且其大部分工作产生的根源在于信息不充分。其中只有一小部分工作，比如到底应该开发什么样的产品，应该和谁形成更深的联盟等，是真正的模糊判断，是无法短期优化的工作。

因此，绝大部分公司虽然做不到彻底的无人化，但留下来的领导者，其角色已经与过去很不一样了。

不再是过去传统意义上的首席执行官，因为已经没有什么事情需要他去直接执行，会更像是首席战略官，把控最终的方向。

当然，更现实的情景是，仅靠这一个人还是扛不住公司各个专业领域的要求，毕竟能将战略、产品、资本、技术等技能融于一身的人才太稀缺了，所以可能要有一个互补的团队。和过去不一样的是，这个团队里只有真正的合伙人，不再有过去那种意义上的员工。

这可能就是面向未来的领导者必须接受的基本现实：企业中 AI 越来越多，人越来越少，并且留下来的还都是真正的合伙人。在过渡期，领导者需要同时面对人、半人半 AI 智能体以及纯粹的 AI 智能体。

挤出领导者的"水分"

国外进行过一场针对首席执行官的调查，调查结果显示：49% 的首席执行官认为自己会被 AI 取代。这与我对自身的评估极为相似。

为何一向被推崇的高级管理人员中会有近乎一半的人认为自己会被 AI 取代呢？

以一家规模相当的公司为例，我们来想象一下在某些特定条件下，某些高管的行为。

首席执行官询问负责业务的高管能不能完成一年 500 万部手机的销售任务。

这个高管刚来公司，拿着 1000 万元以上的年薪，所以他很难回答说自己搞不定。

毕竟，"搞不定是你能力不行还是意愿？搞不定我请你来干什么？"这类问题实际上只有一个答案。

所以，他必须拍着胸脯回答："只要生产能供应得上，我没问题。"

负责生产的高管也不能输了气势，否则将被视为公司的"罪人"，对不起自己的丰厚年薪。

他所处的位置让他必须拍着胸脯说："你能卖出去，我就能搞定生产和供应。"

然后，如果首席执行官拥有雄才大略，就会表态："钱没问题，我们不计代价必须完成任务，你们干吧！"

实际上，大家心里都在打鼓，但为了最终责任不落在自己头上，都全力以赴地行动起来。

生产方会跑到深圳高价抢货，业务方则开始进行渠道激励、购买广告流量等。

当产品销售目标没有达成时，由谁来负责呢？

没有人愿意负责，每个人会有自己的一套数据来证明是对方的问题。

这时首席执行官会再上场，综合各种因素进行考虑，其中有人情世故、有远近亲疏、有实事求是，最终决定把板子打在谁的身上。

再往后，也许人换了，但在特定的组织模式下，这种教训并不会被吸取，而是会变形，然后反复发生。

当我们切换到 AI 的视角时，就会发现这是一种"内耗"，其原因在于决策缺乏实际数据的支撑，而更多依赖于主观判断。在公司利益和个人利益之间进行选择时，相当一部分人可能会倾向于优先考虑个人利益。

从无人公司的视角出发，情况将截然不同。对 AI 而言，它只须关注数字化的程度是否充分、实时反馈是否足够精准，随后它会以一种冷静的态度，依据模型做出决策。它不会受到人类情绪的影响，也不会担心个人利益受损。

回顾我们虚构的故事，我们会发现，在充分数字化、实时反馈足够精准的情况下，上述过程中大部分工作，包括方案的制定和决策，AI 都能够完成，并且有可能做得更好。

越是透明，就越不需要博弈。当协调、折中以及灵活处理问题的智慧不再被重视时，领导者的影响力就会显著下降。当然，一个例子无法涵盖所有领导者的情况，但或许这正是调查报告中 49% 的首席执行官认为自己可能会被 AI 取代的原因。

面向未来的领导者，除了要在 AI 的建议中挑选出最佳方案，另一个必备能力则是要能很好地与 AI 打交道。过去的领导者对人的关注高于对技术的关注；新的领导者则必须擅长驾驭智能组织，而驾驭智能组织对领导者提出的新挑战在于了解 AI 到底是什么，即技术在领导和管理中比重大幅增加了。

看好你的"密码箱"

中央电视台新闻频道（CCTV-13）《法治在线》栏目报道过一个案件：某电商平台的基础岗位员工，日常负责某些运营工作，但他凭借职务之便，伙同多人共同收受贿赂 1.3 亿余元，其中个人受贿金额为 9200 多万元。

让人触目惊心的不单是受贿，还有错配，为什么一个普通职员可以贪污这么多钱？

这在传统的组织中是不太可能实现的。如果放在传统组织里，这有点像在说门卫利用职务之便贪污了 1 亿元，令人难以置信。

根本原因在于智能组织崛起后，AI 智能体逐渐变得比人更加重要，然而我们大多时候并没有意识到这一点，还觉得这只是基础的 IT 工作。

在过去的企业里，重要的是人，管理者会被慎重考虑，管智能体的通常会被认为是 IT 部门或运维部门，因而会分配许多初中级工程师去做这个工作。现在这必须予以纠正，甚至要反过来。智能组织越是崛起，这种认知错配所隐含的代价就越大。

在智能体中流转着巨额财富，真正拥有一线分配权利的人是一些技术人员。坚持传统的管理思路，可能导致出现类似让月薪千元的人看守金库的事情，这很容易出问题。

随着企业家的管理对象发生巨大变化，自然就会导致企业家角色的内涵也发生变化。

现在团队成员里不再只有人类，还增加了以智能组织为代表的众多智能体。那么，治理方法必然会随之发生改变。

对于人的管理，要回归到文化价值观、宽严尺度等已被探究了几千年的方法上；而对于 AI 智能体的管理，则是设定规则、反馈机制、权限范围和服务等级协议等，完全不是一个套路。

如果领导者不能扮演好这部分角色，那么核心团队里似乎就需要设置首席智能官了。该职位将全面负责公司的愿景、价值观和智能组织的连接，然后将最终的控制所有公司 AI 智能体的密码箱放在领导者的手中。

在过去，只要企业的资金安全，不发生现金流危机，企业似乎就不会发生瞬间崩溃的情况，但智能组织不行，理论上它有了瞬间被彻底抹除的可能。如果领导者丢失了代表最高权限的密码箱，那么让公司消失一点也不复杂，操作起来只需要几分钟。

朝着这个方向发展，领导者的权限好像被削弱了，实际上情况还不止如此，被削弱的程度要更多一些。

在智能组织中，工作可以交给 AI，那么价值观呢？

领导者的率先垂范往往被看作价值观的具体体现，但现在似乎也迎来了另外的选项。

领导者意志承载

迪士尼历史上发生过一件极其有趣的事情。其创建者华特·迪士尼（Walt Disney）在 1957 年手绘了一张公司的业务地图，很清楚地界定了什么是公司的核心价值：以创造性的天赋驱动动画电影，以动画电影和 IP

为中心，扩展至电视、音乐、出版物、迪士尼乐园等领域。

在华特卸任后，这幅图也被扔进了旧纸堆，团队也偏离了价值创造的最初愿景，在追求商业收益最大化的同时，核心创造力也随之枯竭。《哈佛商业评论》在所选取的案例中描述了这个过程。

1984 年，迪士尼遭遇了恶意收购。恶意收购方尝试卖掉公司的核心资产，包括电影图书馆和主题公园周边的地产。但董事会最终选择了重构公司领导层，聘请了新的首席执行官迈克尔·艾斯纳（Michael Eisner）。

艾斯纳重新找回了华特的价值理论，也找回了这幅图，并在它的指导下推出一系列大片，包括《小人鱼》《美女与野兽》《狮子王》。之后的 10 年里，迪士尼票房收入的市场份额从 4% 增至 19%；人物角色授权业务增长了 8 倍；主题公园参观人次和利润率显著增长；从录影带租赁和销售业务中获得的收入份额从 5.5% 增至 21%。

艾斯纳投资了新的主题公园，加大了动画电影方面的投资力度；并且根据公司的价值理论，向相关业务领域进行扩张，包括零售店、游轮、周六上午的卡通节目和百老汇剧等。实际上，艾斯纳的做法就是让华特的设想重见天日，并基于这一设想采取大规模战略行动。这一系列行动带来的效果显著，迪士尼的市值从 1984 年的 19 亿美元增至 1994 年的 280 亿美元。

有趣的是，历史在不断重演：把电影搬到百老汇的舞台上，是对动画电影、电影人物授权和主题公园业务的补充。但是，其他战略举措，如 1998 年收购洛杉矶电视台、1995 年收购 Cap Cities/ABC 以及 1996 年收购洛杉矶天使队的交易，都不符合迪士尼公司价值的创造逻辑，而更像一种纯粹的商业手段。与此同时，由于迪士尼未能跟上科技大趋势，而且旗下顶级动画师已跳槽到皮克斯，艾斯纳只能任凭核心业务——动画制作再次萎缩。后来，迪士尼和皮克斯签订了一份合同，可以获得他们的技术，但是二者的关系剑拔弩张，最后在艾斯纳离职前夕（2005 年 9 月）双方不欢而散。

而他的继任者罗伯特·艾格（Robert Iger）反戈一击，不再满足于与皮克斯重修旧好，而是以 74 亿美元的价格一举收购了后者。迪士尼近期还收购了漫威、卢卡斯影业，进一步巩固了这一核心资产。不过，这些举措也把公司领入一块不熟悉的领域，漫威和《星球大战》的班底有别于迪士尼传统的公主王子类剧情。这些战略试验能否创造价值，还有待观察。不过，有一点是肯定的，那就是华特的增长路线图在他死后很长的时间里，仍在发挥着作用，这是对其领导力的最好诠释。

在智能组织的视角下，对于迪士尼的问题，我们有了新的解决方案。我们可以将华特的价值观写入智能组织的代码。

假设你是华特，在生命的最后时刻，你很不放心后世子孙。这时，你将基础战略写入智能组织的基础设定，并且将其保存到不可篡改的区块链上，同时不让任何人有权变更它的作用范围。

这比遗嘱有用多了。遗嘱多是传承股权，而这种方式直接传承被代码化的精神。这样，AI 智能体就会忠实地贯彻你的原则，审查公司的基础方向是否与此偏离。如果偏离了，它就会予以否决。

这也可以确保基础价值观不会偏离，直到公司消亡。毕竟带着记忆、价值观、风格的智能组织在理论上有着永恒的生命。这实际上比携带生命信息的 DNA 还要夸张，DNA 会突变并进化，但这种写入代码的价值观不会，它超级稳定，一直持续到组织死亡。

换个视角看，领导者获得了"永生"，智能组织承载着他的意志。没有人能够违反被设定成代码的价值观，否则立项不通过、各种资源也申请不到。这种精神和意志大于生死，是一种被转置了的舍生取义。

智能组织都能做到如此彻底，那么什么才是真正必须由领导者来做的部分呢？

初始化智能组织的灵魂

我们再来看一个与迪士尼相关的例子，探究在这个过程中哪些部分是只有领导者才能履行的职责。

1. 在失败与成功之间

乔布斯因为 Apple II 和 iPhone 而为众人所熟知，但他处于二者之间的那个过渡阶段，反倒更容易让人看到他成功的本质特征。

在离开苹果公司后，乔布斯在 1986 年以 1000 万美元收购了卢卡斯电影公司旗下的电脑动画部，这就是后来声名远扬的皮克斯。

皮克斯的辉煌成绩是连续推出了多部大获成功的动画电影，如《玩具总动员》《海底总动员》《超人总动员》等。

2006年，皮克斯被迪士尼以74亿美元的价格收购，这一价格在当时的迪士尼董事会中引发轩然大波。

回到做决策的时间点，即2004年，迪士尼的净利润约为23亿美元，而皮克斯只有1.4亿美元。所以74亿美元的收购价格的重心肯定不是为了收入和利润，而在于迪士尼在CG（Computer Graphics，即用计算机绘制动画、图形等）动画方面彻底地落后了。在这种情况下，如果从机械的观点看，把CG看作一种技术要素，那么用74亿美元买回一堆计算机，那还真就是历史上最贵的计算机了。若说为了买人才，那无论如何都不值74亿美元。因此，董事会对这74亿美元的价格发生了激烈的争论。

那么，这74亿美元买回的到底是什么呢？为什么迪士尼不再认为依靠自身内生发展或者资源堆砌能够复制这种能力呢？

这就是一种"场"的成功，乔布斯对此做过总结，他认为竞争对手很难复制皮克斯的风格，因为他们缺乏创造力、技术以及将二者巧妙融合的能力。他说："我们花了10年时间将这两种文化融合在一起。这听起来很容易，似乎只需要在这里安排一个技术人员，在那里安排一个创新人才，接着让他们一起出去吃顿午餐，于是便莫名其妙地获得成功了。当然不是这样的。这个过程是非常艰难的。我们整整花了10年的时间，才知晓如何融合这两种文化。"

当这种"场"被一系列成果证明后，迪士尼最终支付了74亿美元。

这也就意味着迪士尼承认了乔布斯的观点，并且为此买单。后续的事实证明这个交易是对的。在收购后，《超人总动员》系列及《玩具总动员》系列等纷纷获得巨大成功，其创造力并没有因为乔布斯的去世或者并入迪士尼而衰竭。

2. 谁能赋予智能组织灵魂

从智能组织的角度看，在皮克斯这个价值 74 亿美元的公司中，哪些部分是只有乔布斯才能完成的工作呢？

基础价值观可以被写入代码，但基础价值观的设定却总是需要一个启动者。这很像人类在初始化一个机器人的时候，纠结到底给它什么样的灵魂。这部分工作是属于人类的职责，只有领导者才适合承担这个任务。你的"道"到底是什么呢？

这种灵魂虽然看似虚幻，但其巨大作用在 OpenAI 身上得到了再一次证明。

OpenAI 这个几乎凭一己之力扭转了 AI 发展颓势的公司，拥有一个极其独特的核心团队，该团队的前两号人物并非从事 AI 领域的工作。这样的组织很可能会被认定为民间组织，但就是这样一个专业程度没那么高的团队，却实现了迄今为止 AI 领域最大的进步。

它的首席执行官萨姆·奥尔特曼（Sam Altman）推出过不太成功的社交产品。此前，他最主要的职业成就是担任一家比较有名的投资公司的总裁，其工作内容简单总结就是开发 App 和进行投资。

它的总裁格雷格·布罗克曼（Greg Brockmam）是和首席科学家伊利亚·苏茨克维（Ilya Sutskever）一同被视作 ChatGPT 的灵魂人物。但布罗克曼也不是从事 AI 领域工作的。此前，他是 Stripe 的首席技术官。这家公司有点类似支付宝，其首席技术官主要负责解决架构问题。简单来讲，他就是一位比较厉害的程序员。布罗克曼之前喜欢写博客，在博客中记录了自己学习深度学习算法的过程。

乍一看，这怎么也不像是一个能干出巨大成绩的团队。即使美国人，估计也没想到他们能做出点什么，否则美国的那些大厂也早就行动了。

从后续披露的情况来看，这种成绩与技术路线、运气都有关系，同时也与他们团队的协同共振紧密相关。

布罗克曼来到 OpenAI 后的首要定位就是全力支持苏茨克维，做好琐碎的研发管理工作，如会议安排等。有趣的是，他们配合得非常默契，且能动态补位。后来，一旦进入工程攻坚阶段，苏茨克维便将这些工作收回，让布罗克曼能够专心工作。

这类事情并不局限于他们两个高层之间。

OpenAI 内部虽然分割成了很多技术小组，但这些技术小组之间的流动和配合是比较频繁的。不同的项目，如 ChatGPT，需要从不同小组吸纳不同人员参与其中。OpenAI 内部项目如 RLHF、GPT1、GPT2、GPT3、Codex、InstructGPT、webGPT 等的具体参与人员不定，通常是技术成员团队负责工程项目的整体推进，包括项目进展的管理。在真正启动项目时，自下而上的情况比较普遍。早期较少有人参与，往往仅需几人便足以启动一个项目。

这些成员之间形成了一些统一风格。他们非常务实，不以发表论文为第一优先级，而是希望切实地完成具有影响力的项目。不管是早期的Dota（一款即时战略游戏）对战项目，还是机械手玩魔方项目，都需要较长时间持续迭代，只有把每一步做好，才能取得进展。在最近布罗克曼和微软首席技术官的对话中，他重申了这一点。

我们需要回过头来，仔细检查每一个细节，做一些乏味的工作，但也正是这些乏味的工作使得我们最终获得了成功。

这种团队的共振如果用较为学术的说法，可以称为场域。明争暗斗、一地鸡毛是一种场域，齐心合力、灵活补位也是一种场域。当智能组织崛起后，剩下的强个体如果偏向于前者，那么后果可能比当下更为严重。再形象一些，这种共振就是类生命体的灵魂。

设定并启动这种场域是未来领导者的核心职责所在。因为在智能组织崛起后，听话且完全服从的员工几乎消失了，AI总是能够比这类员工更听话且更有执行力，剩下的多是类似于马斯克那样的人。这就要求领导者持续寻找让整体大于部分之和的方法，公司大步向前发展。

在企业运转的过程中，从领导者自身的角度看，急、宽、暴、仁、谲与忠都可供领导者选择，为这些特质付出多少代价也由领导者决定。他们做出选择后，执行环节可以交给智能组织，而真正的挑战却在于领导者的小团队的共振。对于留下来的个性突出的团队而言，这种共振的程度将决定团队是走向辉煌还是面临解体。

寻找让整体大于部分之和的方法

在组装电动汽车时，每个部件都有其特定的安装位置和作用。启动时，电动机借助各种传动装置将动力传导至车轮，让汽车行驶起来。此后，每一次转向和刹车都有一个明确的传导路径。

只要流程正确，每个步骤无误，我们便可以无限次地拆装同一辆汽车。在这里，整体等于部分之和，这就是还原论。

通过流程规定企业组织行为，其本质思路和组装或控制汽车类似。角色和岗位即部件，流程即控制系统。传统领导者的存在很大程度上是确保这套系统的正常运转。

对机械体而言，还原论是生效的，整体就是部分之和，不多不少。但对生命体而言，还原论却并不完全成立。以你家的猫为例，如果它不幸去世，即使运用再先进的技术使它的每一个部分都与生前一样，你也失去了它。

还原论所对应的机械体和“整体大于部分之和”的生命体的显著差异在于前者不利于创新。

还是回到 OpenAI 的例子。如果奥尔特曼的思维方式是“你按照我说的做就可以”，并且严格管控工作过程，那么还能做出 ChatGPT 吗？显然是不行的。因为他自己就不会做，不管聘请多么优秀的技术顾问，也不可能按照“我要你创新，你照着我说的做不就创新了吗”的思维模式，创造出世界上前所未有的产品。无论投入多少资金、机器和数据，都不行。所以，一个组织越趋近于机械体，越不利于创新。仔细分析梁文峰的访谈，我们就会发现，开发 DeepSeek 的团队和开发 ChatGPT 的团队，在风格上具有一定的相似性。

　　避免留下来的小团队变成机械体，让它更像生命体的关键在于持续寻找让整体大于部分之和的方法。多于整体的那部分将会变成创新的持续动力，推动组织迅速向前发展。

　　这也将成为面向未来的领导者的核心使命。

1. 包容式共存

　　这种共存方式和"不是东风压倒西风，就是西风压倒东风"有着很大的差异，更需要抽丝剥茧的功夫。

　　当迪士尼花费 74 亿美元收购皮克斯时，它无论如何也不会把皮克斯改造成迪士尼。皮克斯的成功更像是一种场域的成功，多种角色相互协同，再加上新的技术，才造就了《玩具总动员》等的成功。这个有机的组织提供了强大的创造力，而迪士尼购买的也正是这种创造力。若将皮克斯改造得与迪士尼一样，相当于买了一只宠物，然后将其做成木乃伊。对迪士尼而言，就相当于一场用 74 亿美元购买电脑的交易，这就太昂贵了。

　　迪士尼和皮克斯的核心定位点是类似的，在收购后，最优的共存方式见图 6-1。

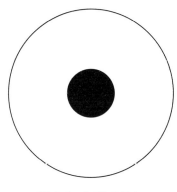

图 6-1　包容式共存

迪士尼并不打算改变皮克斯原有的风格，但又想让它融入迪士尼的整体格局。

当场域变得关键后，这会成为一种典型的共存形式。OpenAI 与微软之间实际上也类似这种关系，虽然 OpenAI 并未并入微软，但在资金方面对微软存在依赖。即使如此，OpenAI 也有着自身的独立性，并且在完成经济使命后会逐步走向独立。

这种共存模式的核心支撑在于场域的价值大于其他有形资产。事实上，由复杂竞合变为共存的形式却不止这么一种。

2. 超越式共存

在移动市场上，iOS 和安卓是相互竞争的两大系统。在安卓发布的早期，乔布斯一度宣称要动用账上的 400 亿美元，发起一场猛烈攻势来击垮安卓，但时至今日，它们之间却演变成了另外一种复杂的竞合关系。主导安卓生态的谷歌每年都要向苹果公司支付 200 亿美元以上的资金，确保自家的搜索引擎是 Safari 浏览器的默认选项。这很像我们经常说的将"要么是敌人，要么是朋友"的关系转换为一种伙伴关系，进而展开复杂竞合，时而像朋友，时而像伙伴。如果用图形来表述这种关系，会类似图 6-2。

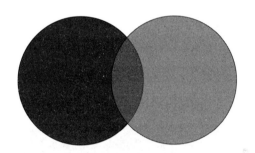

图 6-2　超越式共存

混色的部分是合作，单色的部分则意味着双方保持竞争态势。

这种共存形式的核心支撑在于两个主体之间不存在一方彻底消灭另一方的可能性。

3. 引导式共存

在中国的水泥行业曾经发生的整合，与皮克斯和迪士尼、谷歌和苹果公司并不相同，但也确实达成了一种共存的状态。

2007 年，浙江水泥行业由于陷入恶性竞争，导致全行业出现亏损。

这时，时任中国建材集团董事长的宋志平邀请几家关键企业的负责人，在西湖边一同品茶。其间，他端出了"三盘牛肉"：公平合理定价、给民企创业者留有一定股份与吸引创业者成为职业经理人，最终促成中国建材集团的联合重组。重组后直至 2019 年，中国建材集团的营业额高达 4900 亿元。这种控股式的联合其实与迪士尼对皮克斯的收购很不一样。控股公司需要重新确定某些关键秩序，之后才能达成重组的目标，将原本的不协调转变为更加协调的状态，进而实现整个生态的优化，如图 6-3 所示。

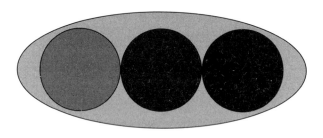

图 6-3　引导式共存

这种共存形态之所以有意义，是因为纯粹的智能个体已经解决不了整体问题，必须存在超越个体之上的力量来进行秩序规划和引导。

当智能组织成为主流后，由于公司越来越像生命体，员工的角色也会逐渐被优化。对留下来的强个体而言，共存的形式就会越来越普遍，否则就会陷入囚徒困境。这不管对个体还是整体而言，都将成为价值创造的障碍。

能否告别还原论，其核心关键在于领导者，而非 AI。

07
还需要公司吗

当我亲手设计的第一个最小可行性产品成功运营起来时，内心无疑是非常高兴的。那一刻，我甚至考虑立刻注册公司，将其变得更加成熟和完善。

然后，随后我便想到了另外一个问题：我为什么需要一个公司呢？

在生产型企业中，若没有聚集在一起的原料、工具、工人与流程等，便无法持续地进行生产。而这个复杂过程的组织需要依靠公司运作。如果没有足够的资金启动整个生产过程，就需要将公司转变为股份制公司以募集资金。

如果公司都变成了无人公司，理论上每个人都可以成为一个超级个体户，那么为什么还需要公司呢？

大家变成一种更松散的联合，有需要的时候聚集起来进行思想的碰撞，没有需要的时候就各自忙自己的，不也可以吗？毕竟绝大部分工作都由 AI 来完成，无论有没有公司，它也会做这些工作。

除了社保这类基础合规的事宜，对无人公司而言，公司这个主体自身的经济价值是不是就消失了呢？

也许我们无法一下子进化到这个程度，但员工已不再是过去的员工，领导者也不再是过去的领导者，那么公司肯定也就不是过去的公司了。

我们先来看一下公司后续的进化过程，然后回到这个基础问题：还需要公司吗？

星系型组织的诞生

抖音这类平台无疑是由算法驱动的，其中也包含部分 AI 的算法。比如，算法需要在个人画像、内容画像和用户反馈等一系列要素下，判断哪些内容应该得到更多的推荐。

由于这些算法远没有想象中的那么强大，所以为了让它能够正常运转，平台还配置了大量员工来支撑其运作。例如，为了让主播有创作素材，需要有人去洽谈各种版权合作等。

当整个生态运转起来后，我们会发现它的组织形态已经与过去完全不一样了。

过去，由于每个人都有自己的信息处理半径和管理半径，所以组织结构会采取分而治之的策略，要么分块，要么分层，无论科层制、职能制还是业务单元制，都是如此。但智能组织不需要这样，其除了在算力和电费方面的约束，并没有管理半径的限制。

这将会重构组织的形态。

智能组织必然以智能为核心。随后，无论管理多少人员和组织，理论上只须在智能中心周边有一层环绕就够用了。比如，一个电商平台可以管理无数个网店；一个外卖平台可以管理无数的外卖小哥和外卖店铺；一个抖音算法中心，可以管理无数的主播。

毫无疑问，这将会导致组织形态向星系型靠拢。我们以抖音为例，具体来看一下这种星系型组织的构成（见图 7-1）。

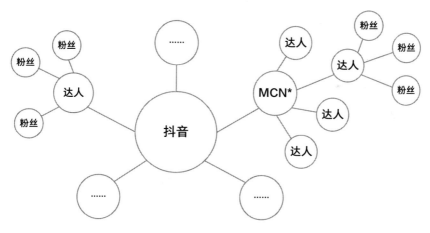

图 7-1 星系型组织

注：多频道网络（Multi-Channel Network，MCN）是指专业培养和扶持达人的经纪公司或机构，负责达人资源的准备和达人的运营，类似于公会和经纪公司，是达人和平台、广告主之间的纽带和桥梁。

抖音对各类用户、主播和公会等屏蔽了设备细节，使得具体是安卓还是 iOS 系统变得不再那么关键。同时，抖音聚集了大量的用户，靠一套算法决定在什么时间点给什么人推送什么内容，是一个具有智能组织特征的平台。

在内容生产端，抖音的用户几乎涵盖了整个社会的各种职业，如达人、商家、各种企业和机构等。但从总体看，其实可以分为两种类型：一种是纯粹的个人，另一种则是机构如 MCN。

抖音制定了基础算法，这些算法基于内容和用户的反应来进行内容推荐。无论内容是个人还是机构产出，这种规则都是统一的。同时，利益分配机制也被写入了算法，比如平台和主播对半分。

每个 MCN 旗下都可以有多个达人，它也会制定自己的规则，成为一个小的中心。如果达人是 MCN 培养的素人，那么其在抖音上绑定的分成账号就是 MCN 的。MCN 与素人签订了分成协议，分成比例早期会更多地倾向于 MCN，如 9∶1，8∶2，7∶3 等。

也会有随着粉丝量、销售额上涨带来的浮动部分。这时，虽然达人会在抖音上表演，但其实他们是属于特定 MCN 的，同时其账号和粉丝也都是属于 MCN 的。他们与 MCN 之间还有比较苛刻的赔偿条款。在这一过程中，MCN 负责根据后台数据提供运营和指导，寻找商家买广告或投放，处理与抖音的关系，把握抖音的政策，尽可能让抖音给予更多的推荐。

对每个达人而言，他们与粉丝之间会更加熟悉一些，并且各自都是自己粉丝群体的中心。与此同时，还有一些达人是独立的，他们会和 MCN 因为特定的事情合作。这时没有既定规则，纯粹地靠双方临时洽谈。当然，双方之间也没有隶属关系。

这个关系无论怎么看，都像太阳与八大行星的关系。每层的规则主要由最近一层的中心设定，但同时也受上级中心的影响。

这种星系型组织和对应模式正好能够化解稻盛和夫的阿米巴之困。当阿米巴的初衷与星系型组织相遇时，似乎奇妙的事情就发生了。

稻盛和夫的阿米巴之困

很多中国企业家之所以记住了稻盛和夫在经营上的创见，主要是因为"阿米巴"。那么，究竟什么是阿米巴呢？

稻盛和夫把公司的各个运转环节拆解为不同的经营单元，并且每个部分都有自己的收支表格，用以记录盈亏情况。每个经营单元像阿米巴这种顽强的生物一样，能够自主生存。这种看似简单的方法，配合稻盛和夫的其他信念，成就了京瓷和 KDDI 两家世界 500 强企业。

虽然稻盛和夫并未明确提及，但他的本意是实现权、责、利的统一，使每个经营单元都能感受到市场的外部气息，成为独立生存的主体。

在中国，阿米巴的精神一度遍地开花，大量公司、培训与产品都围绕着阿米巴的概念展开。可惜的是，很少有真正取得成绩的。看似极有吸引力且十分合理的阿米巴，为什么行不通呢？这就是现实中的阿米巴之困。

事实上，阿米巴在公司内部确实很难取得成功。

市场的定价是客观存在的，但阿米巴之间的定价却很难摆脱主观因素的影响。提高价格往往要比提高效率更容易达到自我收益最大化的效果。这根本不是靠方法就能解决的问题。

　　日本的部分企业家似乎持续在寻找义与利之间的某个均衡点。但当利益分配没有形成一种超然的、可执行的客观规则，以此与"义"相互呼应和制衡，而是依赖于个人的具体裁决时，对价值观的追求和宣传就很容易被虚化为空洞的口号，甚至可能扭曲人们在工作上的行为。

　　在阿米巴之间进行结算时，私心会促使人们将结算价格定得偏高一些，这样自己和团队的奖金就会增多；而道义则要求人们将结算价格定得尽可能低，但这除自我感觉公平之外，很容易会遭到团队、家人的各种抱怨。

　　依靠人力驱动阿米巴是不可能成功的。在过去，由于没有智能组织，无法建立起彻底透明的执行规则，也就没有人能够定义出大家都认同的公平，由此产生的一切内部消耗，具有摧毁组织的力量。所以，过去阿米巴的落地难点不在于方法，而是在于文化，在于义与利的均衡。

　　如果我们换个视角，则会惊讶地发现，世界上最大、最成功的阿米巴组织就在中国。

　　抖音恰恰破解了主观上为市场行为定价的难题。它是如何形成自己的生态呢？

　　每一个 MCN、主播很像一个个单独的小业务单元，他们与抖音按照约定比例进行经营结算，同时从抖音平台获取必需的内容如制作工具与用户数据。但 MCN、主播创作什么样的内容，花不花钱投流，抖音并不干涉。主播要对自己的内容负责，成功与否与抖音没有直接关系。

　　这些 MCN 或者个体主播不是阿米巴吗？好像没有比他们更契合阿米巴本意的存在了。唯一区别是他们不属于抖音公司。

在这里，算法成了以实现整个生态繁荣为目标，对各个单元之间的流量、合规等方面进行最终裁决的角色。在抖音这种阿米巴生态中，算法则隐喻了未来智能组织的形态。其中超级智能中心就像太阳系中的太阳，而 MCN 和主播们则像太阳与地球。其形态呈星系状，位于中心的算法其精细程度对应到不同的自由程度。

在不同的智能组织中，人类进行自我发挥的距离以及自由程度会引发完全不同的组织特征。

外科手术型团队、足球队型团队与网球队型团队

同样是星系型组织，同样呈现阿米巴形态，但按照中心对外围管理的精细程度以及外围自由度的高低，会衍生出不同的风格。

1. 外科手术型团队

外卖小哥与准时派送相关的活动完全处于算法的管理之下。一旦没有送达、送晚了或者送错了，可能就会收到差评。

这很像一种升级版的流水线，它的规模更大，只是在空间和时间上扩展了自由度。

流水线上的工人被固定在空间中并遵守严格的时序，工作期间必须实时待命，上一道工序传递下来的任务如果不马上处理，立刻就会产生阻塞。而外卖小哥只须等待算法的召唤，在被派单后才进入工作状态，

所有与派单相关的数据会反馈到算法中心。

这无疑是一种星系型组织，其中心的算法对周边的个体或组织单元进行高强度的掌控。这就好比过去的外科手术团队，主刀医生知晓全局，明白每一步该干什么，其他所有人都是他的助理，按照他说的去做就可以了。这些助理并不需要发挥主动性，只须做到让干什么就干什么。

这可以是智能组织的一种表现形式，也是最容易被误用的形式之一。特别是在推崇精细管理理念时，这种误用的风险会相应增加。一旦发生误用，就可能出现用管理工厂的方法来管理科研机构的不匹配情况。设想一下，如果每个办公室内的每项工作步骤都通过麦克风、摄像头等传感器，进行数据采集和量化，那将呈现怎样一番景象。这很可能无法实现精细化管理的目标——激发个人的主动性，使个人对工作更加尽责，甚至可能导致效率低下，事倍功半。

目标与方法的不匹配可能会在短期内为企业带来一种虚假的安全感，但由此产生的负面效应往往被低估。这些潜在的负面效应与人的生物特性紧密相连。一旦人们被精确量化，可能会触发内心深处的不安全感。

更甚者，当一些行为中的小失误被放大时，它们可能成为内部耗散的主要源头，引发大量负反馈，进一步加剧人们的不安全感。不安全感动摇的是人类需求中最基础的部分。根据组织行为学中的研究，这部分一旦受到动摇，人们随后可能会陷入破坏性心理防御状态：推诿、逃避、忧虑、攻击、冷漠。

这是谁的初衷呢？

反过来想，即使这种方式起作用，主要也是管理了人的身体和基础思维能力。凡是能用这种方法组织起来的团队，其实也应该尽快导入 AI，把公司变成无人公司。

从无人公司的角度看，这种组织方式只是一种过渡形式。AI 智能体越成熟，每一个在这种模式下的人越可能被 AI 取代。

2. 足球队型团队

相较于前者，当人的自由度提高一些后，便会形成类似足球队型的智能组织。

乔布斯和盖茨是这个时代极为耀眼的科技企业家。两人除了共同从施乐实验室中看到了图形用户界面这个巨大机遇，还有一个共同点，则是都从先组建一个足球队型团队开启了自己的事业。

在苹果公司，乔布斯的核心队友是斯蒂夫·沃兹尼亚克（Stephen Wozniak）。乔布斯虽然后来被奉为传奇，但他不是工程师，不管有多少想法，也根本做不出产品。苹果公司第一款取得巨大成功的产品背后的操刀人就是沃兹尼亚克。

在盖茨身边配合他的人主要是保罗·艾伦（Paul Allen）。巧合的是，微软第一个大获成功的产品 MS-DOS，也是这位合伙人牵头买入的 QDOS 的使用权，使微软能迅速获得一个现成的操作系统。

继续深入探究，我们就会发现，过去无队长的足球队型团队是非稳定结构。当事业到达一定规模后，小团队里的平等关系就会被打破。沃兹尼亚克和艾伦都是在合适的时机功成身退。然后，组织会转变为有队长的足球队型团队，典型的形式就是以首席执行官为首的 CXO 团队成为公司权力层。

OpenAI 在一定程度上推进了这次 AI 的进展。它的首席科学家苏茨克维与其他几位董事一起解雇了首席执行官奥尔特曼。后来经过种种博弈后，奥尔特曼回到 OpenAI，而首席科学家离开了。重组后的管理结构同样也产生了类似苹果公司、微软当年的偏移，奥尔特曼的权威被强化了。

AI 让智能组织兴起后，这种模式应该会获得更强大的生命力，甚至成为组织的典型形式。

这时，公司将会构建一个类似抖音的 AI 驱动基础设施，为所有团队赋能，让每个团队都能变得更强大，同时保持其独特的个性、战略和产品。

在抖音平台上，每个 MCN 或主播创作的内容、直播时间及互动模式等，这些都由它们自行决定，而相应的工具则由抖音提供支持。在未来的智能组织中，每个团队所需的用户资源、AI 智能体等都将由智能组织统一配置，但产品定义等关键决策仍由各个团队独立进行。

在这种模式下，智能组织将变成一个巨型的阿米巴。

3. 网球队型团队

最后一种则是网球队型的智能组织。网球队员双打比赛中也会进行前后场、左右场这样的分工，实际战术配合时往往比足球队更加灵活。

这种组织形式在现实里并不是没有，只是相对少一点。例如，有些律师事务所就是这样运作的，靠选举产生公司首席执行官，每台打印机甚至耗材都要落实到具体的人。

在智能组织兴起后，这类组织的潜力会被激发出来。这甚至可能会影响投融资乃至股东与公司协作的形态。股东之间、股东与公司之间很像网球队的模式，但过去因为各种隔阂的存在，导致他们基本上配合不起来。

在一级市场的投资条款中，一般会约定投资者的权利。比如，在公司再融资时，投资人会按照自己的股比拥有优先认购新股份的权利；某些人事任免须获得一定比例的投资者同意等。与此相匹配的是，一般投资者享有信息权，即他们有权了解公司的财务情况等。但实际上由于信息阻隔，沟通方式往往不尽如人意，大概率变成沟通基本靠"吼"的局面。如果投资者与公司之间的信任度较高，就会相对平稳顺滑；如果基础信任丧失，各种猜疑便会随之而来。

在智能组织下，这些事情可以进一步优化。只要拥有一个账户，投资人就可以行使其所有权利，并获得其应该获取的一切信息。

这与过去有什么不一样呢？比如，分红过程将会变成无人介入的自动化过程。在投资、信任与委托这一过程中，智能组织变成了一个透明且能够确保个人权益的载体。

假如智能组织（不是首席执行官和管理团队）值得信赖，那么资金投入、人力付出、资源提供、最终盈亏就成为一个能够通过技术确保的过程。信用的主体不仅是法律和人的口碑，还包括具有执行权的智能组织。

这显然会促进网球队型团队的发展。在极端情况下，团队成员与股东甚至都不用见面，只须相互约定好后完成某个目标，之后便可以解散。

不管是哪种类型的团队，由于智能组织自身已变成权利与责任的分配单位，同时也是执行的承担者，这都会导致一些颠覆常识的规则出现。

星系型智能组织新特征

在那个将组织视为流程而非类生命体，并认为组织可以直接承担权责和执行的年代里，我经历过一段痛苦的时光。

在公司早期，产品和业务都还不成熟的时候，团队成员虽然也有很多意见分歧，但因为彼此是同学或老朋友，大家还是能够保持团结，朝着大致相同的方向努力。

当业务取得进展并进一步扩张，而核心团队的某些成员表现出能力局限时，问题就出现了。在针对个人进退所涉及的价值问题无法达成一致后，曾经的团队就分崩离析了。

大家不再专注于技术和产品的提升，而是花费更多的时间寻找同事的问题，并互相指责。

把一个已经实现规模收入且净利润达数千万元的科技公司弄得不死不活，需要多久呢？答案是不到一年。

这无疑是令人遗憾的。股东、管理团队以及每一位一起奋斗的员工，携手拼搏了将近十年，却不能开花结果，最后只能看着业务规模逐渐萎缩。

更可怕的是，如果我们仔细看日常的各类报道，便会发现，这种现象并不稀奇，而是时有发生。

代表所有人利益的组织，无法自行站出来重申共同设定的价值观，以使事情回归正轨。

我们切换到智能组织的视角下看这类事件，会有所不同吗？

不一定有所不同，但新的可能性已经出现，因为组织自身已然焕发生机。它可以代表自身利益进行发声并付诸行动。解决思路之一就是把一切约定都撰写为智能合约，并记录在不可篡改的区块链上。

随后，决策权、投票权掌握在人类的手中，执行权则归属于智能组织自身。这时，股东与董事会还存在，但首席执行官的职能处于智能组织之下，智能组织负责以代码和模型的刚性来维系公司的原则。

那么回到上述情形，便存在更简单的处置方式，出价合适就退出，不合适就继续运作；工作调整本身回归到以数字为依据。

这样的智能组织得以实现，将会具备一些衍生特征，在此我们可以将这些衍生特征概括为：智能优先、万物皆数、实时反馈、中心决策。

1. 智能优先

智能组织的第一个特征并非以人为本，而是智能优先。这看似离经叛道，却是如今众多企业的常态。

外卖系统的优先级往往被设定为大于某个外卖小哥。它就好像是企业中鲜活的法律，既体现价值观和规则，又具有执行力。其原因并不复杂——智能组织的强大性和脆弱性并存。

脆弱性是指智能组织并非像过去软件安装后所表现出的始终如一，而是存在衰退和劣化的风险。

即便再优秀的将军，如果给他提供的都是虚假信息，那么这位将军最后仍然会失败。智能组织就如同那位将军一般，周围全是变量，而这些变量的精度必须得到确保。

即使数据的精度和实时性得以确保，但若是服务器没有采取合适的措施，一旦崩溃，也会导致智能组织的崩溃。

为了充分发挥其强大性能，我们必须在各个环节确保智能组织周边相关部分的正确运行。这涵盖了从运营方法到具体运维细节的方方面面。比如，要有制度来控制它的升级频次和时机，要有权责系统来确保它的数据精度。所有这些方面都应以能够发挥智能的优势进行配置，即"智能优先"。

智能优先的引申含义在于凡是能够由 AI 智能体完成的工作，要优先使用 AI 智能体。否则，将会拖慢整体的流转速度。显然，对于外科手术型的组织而言，导入 AI 智能体后会减少内部矛盾，使组织运转得更加顺畅平滑。

我们能想象出由人来收集数据的搜索引擎吗？

这就是智能优先。

智能优先可以进一步升级。当赋予智能组织高于首席执行官的权限时，智能优先显然还具有更多的含义。

2. 万物皆数

智能组织只处理世界中被完全数字化了的部分。如果期望智能组织能够监控合同的执行情况，那么合同显然不能只有纸质版。

假设突然有一周你的所有 App，比如微信等社交软件被屏蔽了，会发生什么呢？

即使你个人安然无恙，但你的家人并不知道这一情况，因此会焦虑不堪，并尝试用一切可能的手段找到你。你的同事会感受到所有需要你的环节完全被阻塞。如果你不出现在他们的面前，他们很可能会选择报警。你的朋友会尝试找到你，并互相询问你到底出了什么事情。

更关键的是你自己，你会变得焦虑，不知所措，世界一下子安静了下来。随后，生活会出现问题，因为你的银行卡很可能只绑定了微信支付。

这就是万物皆数的状态，智能组织和这种状态互为表里。

数字世界是别人连接你、你连接别人或者获取服务的枢纽和空间。虚拟的你的消失虽然看似不痛不痒，但这意味着社会意义上的你的消失。这种连接和原子世界里的道路在本质意义上类似，如果你身处一个无路可通、无人可连接的地方，那么在一定意义上，你在社会中其实是不存在的。

从现实世界和数字世界的视角看，智能组织促成了二者的融合，使其不再有清晰的边界去分割二者。大量的工作都需要在两个世界之间来回穿梭。但与此同时，智能组织也会呈现一种名为"依赖倒置"的特征。

现实世界和数字世界确实深度融合，但控制的把手却在数字世界这一端。

其中隐含的要求是必须拥有低成本且持续精准数字化的手段。如果想让企业成为智能组织，就需要先确保企业实现完全数字化。

3. 实时反馈

同样的数字信息在时间轴上具有不等价的价值。正如将军不能基于过时的情报去指挥作战一样，有些信息需要确保其实时性。又如在营销时，需要针对热点发布各种信息，一旦热点过去了，同样文章的浏览量也会有巨大差异。

这潜在地要求在基础环节需要摒弃人类的介入，转而更多地依赖传感器或者数字人的自动抓取。

若真想实现实时反馈，传感器将会被提升到一个无比重要的层次之上。这个特征的衍生后果是每个人、每样物品都会被大量的传感器包围。

这甚至都不是未来才会发生的事情，现在已经是这样了，只是使用方式有所不同。现在每个人每天会使用多少传感器？

每个人平均一天在不知不觉中要用到 9 至 10 种传感器。之所以会不知不觉，一方面是因为它们隐藏在一个个电子产品之中，不易察觉；另一方面，则是因为它们实在太小了。就像我们所说的智能音箱上的麦克风，其长度甚至只有 1 至 2 毫米，其精度却可以听到 5 米以外的声音，而价格则只需要 1 至 5 元。

清晨，你可能会询问家中的智能音箱："今天天气怎么样？"在这样的问答过程中，你会用到一种名叫 MEMS 麦克风的传感器。它通常由 4 个或 6 至 8 个形成一组，内置在智能音箱中，帮助智能音箱在相对嘈杂的环境中听清你在对它说什么。

接下来，当你骑车或开车去上班时，会用到地图导航。在导航过程中，则会用到两种传感器：加速度计和陀螺仪。加速度计能够检测手机的加速度和方向，以此确定持有手机的人此时的运动状态。在导航时，加速度计凭借以上功能，可以在地图上准确地显示当前位置和前进方向。陀螺仪可以检测手机的旋转和倾斜，从而确定手机的方向和位置。在导航时，陀螺仪通过此功能能够提供更准确的导航指引。

此后在一天中，我们的大量生活服务都依赖于定位，会反复使用这些传感器。比如，吃午饭时我们需要订外卖，找人时可能需要共享位置等。

在工作的时候，我们总是免不了需要召开一到两次视频会议，这时就需要用到另一个重量级传感器——摄像头。摄像头是能让每个人感知清楚的一种传感器，各种场景的拍照、录制视频让它几乎变成人类的一种外延"器官"。

在办公使用笔记本时，我们免不了要使用鼠标，此时就会用到光学传感器，它被用来跟踪鼠标的位置。如果你直接使用笔记本的触摸板，那么你会用到电容传感器，它负责检测你手指的位置。

如果细心观察，我们就会发现在日常使用手机的过程中，手机的屏幕会自动调节亮度，这时是光传感器在发挥作用。光传感器被用来检测周围光的亮度。当周围的光源环境发生变化时，光传感器则会起作用，提醒手机需要调节屏幕亮度。

晚上回到家后，你有可能会想要了解自己的体重状况，这时就会用到内置于体重计的精度称重传感器。当你站在体重计上时，体重就会施加到传感器上，产生相应的电信号。体重计会通过读取这些信号计算出你的体重。

睡觉前，如果你查看屋里的温度计，想判断是否需要调整空调的温度，这时只要你用的不是老式水银温度计，你就会用到温度传感器。温度传感器是一种能够感知环境温度，并将其转化为可读取信号的设备。

不同的是，在过去这些传感器是散布的，数据是独立的，只是各自完成某几个单独的功能。但在智能组织里，它们可能会被重新排列组合，记录各种活动的结果。按照上述场景，如果数据打通并且不考虑成本、伦理问题，技术已经可以实现人、物的高精度的实时反馈了。

这些实时反馈的数据、历史数据越及时，处于中心位置的超级 AI 进行下一步行为的判断就越精准。

充分透明地获得 AI 智能体的所有数据是没有问题的，然而人类数据的获取方式及其界限，必然触及伦理问题。在这里，伦理和效率产生了显著的冲突。

这是智能组织落地过程中需要解决的问题之一。

4. 中心决策

这并非纯粹是未来才会发生的事情，几乎所有成功的互联网产品已经是中心决策。

我们每天看的视频、阅读的新闻只有极少一部分还是由编辑筛选后进行展示的，绝大部分已经全部由处于中心的算法，根据各种反馈推荐给每个人。在一定程度上，你喜欢什么，它就推送什么给你。

在智能组织里，这种中心化的趋势有增无减。

输入信息的整体性与智能的判断精度成正比。再加上 AI 大模型自身的规模等，一定会导致智能组织出现一个超级中心。这个中心知晓所有信息，进而进行各种顶层判断。

在区块链的世界里，一度有人认为组织的未来是去中心化的，并且将其称为去中心化的自治组织（Decentralized Autonomous Organization，DAO），但事实并非如此。智能组织是高度中心化与高度去中心化的叠加体。

这种叠加态可以用太阳和地球进行类比。

规则制定者、价值观与约定会形成一个如太阳般的核心，并笼罩着特定的智能组织。它是一切力量的根源，但身处其中的你可以自行选择生活方式；它定义昼夜，但你可自主选择作息；它决定温度的量级，却允许万物自行演化；它设定生命的起始条件，却又不规定生命本身；它无可违反，却又与万物两不相干；它是规则也是力量，是尺度也是方法。

上面四个原则既是实践的总结，也是由智能的底层逻辑决定的。技术的特征决定了这种底层的自我运转的逻辑。

在开放系统中，一种边际效能更高的方式一定会取代较低的方式；一种智能程度高的运转方式将会取代智能程度低的方式；智能的程度与整体性、数字化程度、智能本身成正比。基于上述三点，智能组织需要遵循的原则一定是：智能优先、万物皆数、实时反馈、中心决策。

智能组织一定会体现出这些特征，反过来这也是其必须遵守和深化的原则。

当智能组织、阿米巴深化到极致时，我们回头再看，开篇提出的问题已经有了答案。

真的可以抛弃公司

如果已经基本知道要做什么，只是需要强大的执行力，那么外科手术型的智能组织是适用的。比如已经被证明可行的网约车司机和外卖小哥，以及潜在的各种施工者等。这种智能组织能够让人在极短的时间内聚集起刚性很强的力量。

如果面对混沌的未来，则需要共同开拓创新，比如开发下一代大模型，就需要足球队型的智能组织。这类目标是如此复杂与高难度，完全超出一个人的能力范围，必须聚集足够优秀的团队。当每个人都很杰出时，就不可能是前一种模式了。

当足球队型的团队中每个人都展现出足够的综合素质，只是为了某个目标而聚集在一起时，那么其就会蜕变成网球队型组织。

三种智能组织的灵活性依次提升，而稳定性依次下降。公司业务本身的特质决定了到底应该构建哪种类型的智能组织。

这三种表现很不一样的组织模式蕴含了共同的发展方向。外科手术型团队在需要规模人力支持时，基本还是需要公司的，毕竟强管理的团队需要强权责体系。可偏偏也是它容易变成我们所说的无人公司，一旦变成无人公司，那对传统意义上的公司的需求，无疑就被减弱了。

对于后两个智能组织而言，越向前发展，可能越不需要公司这种形态了。

在由两个合伙人及 100 个 AI 智能体共同构建的公司里，如果能够把基础约定写入不可篡改的区块链，并且配合智能组织的执行能力，就会更像两个超级个体户的松散联合。从管钱、管物的角度看，似乎都不再需要公司了。

到那个时候，每个人背后都是一个强大的智能组织，这个组织里包含这个人所有的财和物。当需要合作时，智能组织对此进行调度，从而完成生产任务。

在奔向最终目标的路上，智能组织会逐步出现，展现出自身独有的特征，而后发展壮大。公司可以放弃，但智能组织的重要性却进一步凸显。如果有一天公司彻底消失了，那正是智能组织的鲜明特征，加上人与人之间的各种松散联合，完整地取代了过去公司的职能。

大家喜欢聚在一起按约定做事，不高兴就各自散去，何必成立公司呢？未来这可能变成新的常识。再过很多年，就会像今天很多人问"合作社是什么"一样，也会有人问"公司是什么"。

08

从现在开始打造无人公司

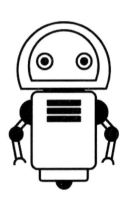

　　也许有人看到这里，会迫不及待地准备开始打造自己的智能组织和无人公司。但还是要等一等。

　　我曾经把过去大约十年间，在 AI 实践中遭遇的失败，归结为两个大类别。

　　一类是执行上的失败，机会很好，开局也很好，但出道即巅峰，越做越差。这就很像互联网时代的某些门户网站，各方面占尽先机，但没有成为最终的互联网巨头。

　　一类是原点上的失败，一出发就已经失败了，即便后面的努力再增加十倍，也无法改变最终的结果。比如，如果你做智能音箱这个产品，那么即便投入 10 倍的资源，至 2022 年年底，它的每日活跃数和大家使用的功能也不会有太大的改变。

　　无人公司的升级与数字化颇为类似，其中的难点在于原点。你若想在原点上明晰方向，则需要一套系统的方法，以便同时审视自己所在企业的现实状况和技术层面面临的难题。

这无疑存在巨大的挑战。这种挑战不仅源自事情本身的复杂程度，还来源于我们过往的思维惯性。

前面曾提及，在我们聚焦于平衡计分卡这类方法论的年代，管理基本等同于全方位的管理方法，技术的权重可有可无；进入数字化年代，技术的权重则有所提升，至少需要开始关注架构、数据定义等方面；到了智能组织阶段，技术的权重进一步上升，若不理解技术本身的特征，便很难明白究竟应从何处操刀。

我尝试把自己体会到的过程记录下来，以作为参考，并且尽量避免使用技术性的描述，期望它们能给大家带来一些启示。

在这一章里，每一个小节之间呈递进关系，顺序不能颠倒。

若真要打造无人公司，那么第一个起点应是关注角色和整体，而不是只关注某个功能。

从角色开始

AI 智能体与过去企业中的各种产品有很大的不同之处，那就是它以角色为中心，而过去的各种工具则是以功能为中心的（见图 8-1）。

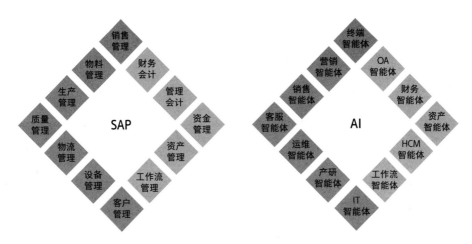

图 8-1　从以功能为中心到以角色为中心

比如一位负责招聘的员工，为了完成他的工作，可能需要使用邮件、钉钉软件、办公自动化（OA）系统、Office 办公软件、招聘工具和平台所提供的专业工具等。他自己则是招聘这个角色的核心所在，通过各种判断和调度，完成从招聘到入职的所有工作。

AI 智能体并非如此，它需要覆盖的是招聘这个角色本身。当 AI 智能体真正行动起来时，需要取代原本的人去调度各种工具，进而完成招聘工作。

在现有 AI 的水平下，这个过程不可能一蹴而就。若真要开始尝试，需要同时考虑两点。

其一，角色自身是否可以通过重新定义削减对 AI 智能的需求；其二，当前的 AI 到底达到了什么程度。在这里，角色的范围和智能的程度是可以互换的。

　　衡量前者的关键在于角色中智能的价值密度，衡量后者的关键则在于下一节的图灵测试 2.0。

　　接下来，我们以智能音箱为例，解释一下什么是智能的价值密度。

　　迄今为止，普及度较高的独立智能产品依然是智能音箱，其销量远远超过各种机器人。而如果回到 2019 年，那时智能音箱的发展瓶颈在于它背后的技术只能实现较为基础的智能语音查询功能，所以其使用范围局限于音乐、天气、闹钟等几个有限的领域，这导致市场规模在达到 3000 万 ~ 4000 万元的规模后就停滞不前了。

　　但如果往更深层次去思考，你会发现仅支持智能语音查询也不是本质问题。其本质在于这种查询方式所带来的新体验实际上价值稀小。它只为一些小的领域带来了些许便利性，并无太大实际用处。在你明确知道自己所需内容的时候，它确实能够缩减获得音乐等内容的时间，比如直接说出"播放《忘情水》"，远比用 App 搜索来得便捷。可惜的是价值也仅限于此，并且有着清晰的边界。当你不清楚自己想要什么的时候，这种方式远远不如过去的触屏友好。

　　总结来说，这种查询在具体场景中所创造的价值相较于 Copilot 产品而言还是太小了。智能音箱的尴尬之处在于以一种不成熟的技术切入了一个价值密度远低于预期的领域，从而导致这一产品在销量和使用频次上遭遇瓶颈。这时候，无论给予多少补贴，都不能真正启动这个市场。

　　如果这个角色具有足够的价值，且 AI 的智能也足以支撑其实现，那么毫无疑问，这个角色就可以开始进行 AI 化。

　　角色有大有小。从现有组织升级为智能组织，可以从周边开始，也可以从中心开始，还可以全局同步升级。

在这么早期的阶段，仍应规避不必要的难度。因此，从边缘开始比从中心开始更适合，新成立一家公司也比重构原来的公司更适合。

图灵测试 2.0

当 AI 的智能水平有限时，并非所有的角色都适合用 AI 智能体进行置换。

我们将判断当前 AI 的智能能否支撑相应角色的过程称作图灵测试 2.0。

图灵测试最初是由艾伦·图灵（Alan Turing）提出的一个定性测试。假设有两个不同的屋子，一个里面是人，另一个里面是 AI，但我们看不见，只能通过和他们进行对话判断哪个是人，哪个是 AI。如果完全判断不出来，就意味着 AI 通过了图灵测试。

基于现在的大模型，我们有相当大的概率打造出能够通过图灵测试的 AI。但真正从应用的角度看，这个测试的局限性就暴露出来了。

我们知道现在的大模型会产生幻觉，会杜撰出一些在现实中不存在，但逻辑合理的答案。这对于通过传统的图灵测试是有帮助的。

人在有的时候也会胡诌，只要其说法合理自洽，根本分辨不出是人还是 AI。所以真正从落地应用的角度出发，就需要将图灵测试升级为图灵测试 2.0。

图灵测试 2.0 是指不仅在对话中让人分辨不出对面是 AI，而且在现实反馈中也让人分辨不出对面的是人还是 AI，只有这样才算通过图灵测试 2.0。

比如对 AI 说"请把卧室的灯关掉"，它回复"好的，我已经关了"。在图灵测试 1.0 中，这是无法验证的。而在图灵测试 2.0 中，人则可以通过检查卧室灯的开关情况判断它的行为是否正确。这时，如果它产生幻觉，关的不是卧室的灯而是厨房的灯，那么它也是不能通过图灵测试 2.0 的。

对于我们选定的角色，设计一组图灵测试 2.0 测试集，如果该角色能通过这组测试集，那么 AI 智能体的打造工作就可以开始了；如果不行，就不妨换个角色或者等待 AI 的进一步发展。

领域模型

通过图灵测试 2.0 后，我们就可以准备打造 AI 智能体了。

这时我们会发现，企业中的任何一个角色都不是孤立的，而是聚合了各种关系的角色。这就要求我们既要描述角色本身，也要描述过程和数据，尤其要描述某些活动完成的条件。

过去电商用人、货、场来概括它所面对的场景，我们可以基于这个说法进行扩展，把其扩展为人、物、场、域：人是用户，物不再是货物，而是 AI 物联网（AIoT）的各种设备，场是空间特征；域是领域知识，实际上它是时间特征的综合。

我们来考虑一下对展厅进行讲解的简单场景。每个公司都会有自己的展厅。假设现在客人来了，某个智能机器人负责这次介绍，那么怎样才能发挥 AI 智能体的优势，让客人有更好的体验呢？

第一，要知道来的人是谁。客人更关注文旅方面的服务，还是更关注安全，这显然会导致不一样的叙事方式。（**人**）

第二，要知道客人到哪儿了，并且能找到他。通常需要帮助客人通过闸机、乘坐电梯等。（**物**）

第三，要知道展厅里都有什么，这样才能结合前两项为客户提供相应输出。（**场**）

第四，要知道公司是做什么的，有哪些产品，取得了哪些成绩。（**域**）

当所有这些信息齐全时，AI 智能体就能完成一次非常完美的解说。

覆盖所有角色的人、物、场、域就构成了领域模型。定义领域模型很像一个将 AI 的智能属性化的过程。最终导致的结果就是无人公司注定是一种双模型结构。

这是一项很烦琐的工作，确实也限制了其应用范围，但肯定不会比 ERP 系统背后的领域模型更烦琐。

如果有足够多的各种角色数据，也许将来可以训练出一种能够自己进行企业管理运营的模型，从而缩减这部分工作。但现在还不行，这反过来要求我们先从简单的部分开始。

重构生产关系

前面的三个阶段更像是在技术层面的准备工作，而在真正落地时，最具挑战性的步骤反倒是重构整体的生产关系，而非技术实现。

重构生产关系也正是对人与 AI 智能体之间角色与地位的重新定义与平衡过程。这个过程的难度要大于 AI 智能体的打造。

让即将被优化到其他位置的人全心全意支持 AI 智能体的上岗，显然是违背人性的选择。同时，在早期由于技术并非十分成熟，AI 智能体的幻觉也会导致相当的偏差和失误。这些因素都会使得 AI 智能体的上岗变得没那么顺利。

更适合的策略是构建一个全新的、由智能体主导的公司，再平衡业务的分配。这样会有助于降低技术层面的难度。或者我们可以先重新定义人类的角色，构建新的阿米巴平台，让每个人在上面拥有新的机遇。

重构生产关系不止于将角色从人类向 AI 进行平移，更关键的是分工体系会日渐发生特殊变化。对人类而言，把公司的职能分解为财务、人事、IT、市场、销售、研发是有意义的，若不这么分工就无法找到对应的负责人。**但对 AI 来说，这类分工的意义并不大，更关键的是数据质量、权限等分工维度。**

当把智能组织看成类生命体时，我们就会发现，数字和智能变成了它的日常必备物品，就像人类的吃饭、喝水、读书一样。

对人类而言，总吃有毒食物很快就会中毒，智能组织也一样。如果没有持续的对数字和智能的健康检查，那么它很容易"生病"，不能像预期的那样正常工作。

现在的 AI 很难具备这种自我保护的能力，所以这会变成在智能优先原则下人的责任。

一旦数字精度和实时性必须长期得到确保，那么这种确保的成本就需要计量，并且找到最优的方式。比如，如果数据需要每个人每天准时填报，那么智能组织大概率"中毒"。一般来讲，传感器的数据精度要大于填报数据，成本也会更低。

这意味着对于智能组织而言，类似过去 IT 的权限配置工作现在有了新的含义，它会关乎智能组织的生死存亡。

在过去，企业只关注人的权、责、利，并通过职位描述等一系列办法进行确定，但在智能组织里，只有这个是不够的。新型权责系统需要把组织自身和 AI 智能体都考虑进来。

AI 智能体毕竟不是人类，所以它的赋权过程与此前人类的赋权模式截然不同，而是需要更多的考量：智能体能干什么（一类赋权）；谁能改变智能体能干什么（二类赋权）；谁对智能体负责（三类赋权）。

对企业而言，AI 智能体能干什么以及适合干什么是一个渐进扩大的过程。中期的终极状态就是公司首席执行官的职能被分割，相当一部分权限和职责下放给智能体，基本实现组织的自动化运作与管理。形象地讲，控制公司空调的温度，开关门以及是否报警几乎已经实现，是第一个层次。统一对客服、开发、招聘等工作进行评价并给出绩效评分则是第二个层次。对公司整体形成全面反馈和管理则是第三个层次。

　　每次对生产关系的重构，都有可能反过来促进前三步的深入螺旋式发展，这并非单纯的技术问题，而是一场真正的变革。并且这场变革若仅依靠自上而下的权力推动，并没有那么大的用处，反倒可能揠苗助长，因此需要逐层递进的过程。

渐进式进化与间断平衡式进化

　　公司变成智能组织后，也就变成了一个类生命体的智能应用。与过去偏机械化的组织相比，很大的差异在于智能组织具备了自我学习的能力。

　　这种学习能力并不能简单地看成采用新的模型，而是分为两种进化方式。

　　其中一种方式是渐进式进化，其特点在于累积的数据在浅层转化为提示词之中的原则、案例；在深层则是垂直领域大模型的素材。通过数据和应用方式的持续优化与调配，智能组织能够在当前技术水平上最大限度地发挥其效力。

　　在生物学中，与渐进式进化并列，还有另一种进化的概念，一般被称为：间断平衡式进化。

　　比如，人类的大脑容量就是在较短的时间内增加到约 900 毫升，然后经历漫长时间，大脑容量再次经历了一次快速增长，变成现在的 1400 毫升。

　　巧合的是，当智能组织变成类生命体时，它的进化方式和生物进化类似，除了渐进式进化外，也会有间断平衡式进化。

根据"智能效能＝模型的智商×认知纵深"这一公式，显然我们可以得出结论，认知纵深上的改善会催生渐进式进化，而模型智商上的飞跃会引发间断平衡式进化。

渐进式进化和间断平衡式进化交替进行，最终会将企业在智能组织这条道路上越推越远。

智能组织在进行进化时，最难的部分不是进化本身，而是对进化结果的度量：出现的新结果是对还是错，是应该采用还是应该取消？

那么，智能组织进化后，什么才是它的反馈？如何进一步判断哪些进化应该被抛弃，哪些进化应该被采用呢？答案只可能来自现实累积以及模拟出的有效数据集。AI 的发展似乎起于数据，也终于数据。

这种进化能力需要人来确保，在很长的一段时间里，需要人推着智能飞轮持续向前迈进。

越研究无人公司和智能组织，我越认识到它是 AI 大发展必然带来的结果。而再进一步思考便会发现，这种结果不仅影响个人、领导者和公司，还影响着整个管理的知识体系。

在 2021 年和 2022 年，我前往北京大学国家发展研究院攻读 EMBA（高级管理人员工商管理硕士）学位。课上我努力保持清醒认真听讲，但无论是上组织行为学课，还是管理会计课，总是会走神。在听课的同时，我脑子里不时回荡着这样一个问题：

一百多年来（哈佛商学院成立于 1908 年），我们不断探索应该如何管理运营一个以人为主体的公司，并将其总结成案例加以系统化，进而加工成 EMBA 课堂中的一门门课程。假如未来面对的是以 AI 为主体的公司，甚至是无人公司，那么这些经验和课程还有用吗？而我自己每日所从事的这些管理运营工作还有用吗？

姑且不说其他细节，基础的公司或者组织的定义都将面临挑战。

09
当管理大师遭遇科技劫

在先前的章节中，我们探讨了 AI 大模型将如何影响公司。为了使这种探讨更加严谨，我们有必要回到起点：究竟什么是公司？为此，我查阅了关于企业的定义，即能独立经营、自负盈亏的经济组织。公司则是企业的组织形式之一。因此，公司的核心在于组织。

所以，要想判断无人公司是否仍是公司，首先需要判断它是否仍是组织。组织的概念几乎是所有管理学知识的根基，如果它发生了变化，就大致等同于管理这门学科的承重梁被卸掉一根。

于是我继续翻阅书籍。在看完组织的各种定义后，我发现要弄清楚无人公司是否仍是公司，就如同弄清楚元宇宙里的 GDP 是否仍是 GDP 一样，都带有几分科幻色彩。

1958 年，哈罗德·莱维特（Harold Leavitt）和托马斯·惠斯勒（Thomas Whisler）在《哈佛商业评论》共同发表了题为 "20 世纪 80 年代的管理"

（Management in the 1980s）的文章。该文章探讨了当时正在崛起的信息技术对企业管理的影响。文章预测，在未来 20 年内，信息技术将促使管理结构发生重大变革，企业领导者只有适应这种变化，才能保持竞争力。并且，文章中提及了以下三个方面的变化。

- 信息技术将使组织更加分散和灵活。随着信息技术的不断发展，企业能够更有效地分散决策权和精简管理层次，从而提升自身的灵活性和响应能力。
- 信息技术将使管理更加科学化。自动化、数据处理和模型建立等技术的应用将有助于企业管理者更加科学地做出决策。
- 信息技术将改变管理层的职责。管理层需要更多地关注信息流动、数据处理和信息技术的应用，而不能仅仅局限于日常事务管理。

该文章发表后，科技开始逐渐向管理领域渗透，但不管怎么样，科技一直都处于从属地位。从库存控制（Inventory Control，IC）到 ERP 再到中台，这些产品都是某种既有管理思想的实现方式，并未偏离当年的设想。但这次不一样，在无人公司的语境中，科技对管理和公司进行了转置与取代。

至此，科幻与学术问题开始发生对冲。

管理与科技的对冲

　　管理大师切斯特·巴纳德（Chester Barnard）曾经这样定义组织：当两个或两个以上的人进行合作，即系统地协调彼此之间的行为时，组织就形成了。

　　这个定义获得了相当高的赞誉，哈佛商学院教授肯尼斯·安德鲁斯（Kenneth Andrews）曾评价道："巴纳德所概括或提炼的概念框架，简单明了且便于应用；同时，又相当精确与复杂，可以帮助我们持续地洞察错综复杂的组织过程。"

　　当我们运用这个经典且权威的定义去审视先前所创立的、完全无人类员工参与的公司时，显然会碰到巨大的问题。

　　无人公司根本不符合经典的组织定义。

　　一方面，无人公司中不存在两个或两个以上的人；另一方面，如果认为意识是人类所专有的，那么无人公司在运转过程中也不存在有意识的协调行为。

　　在无人公司中，AI 对人类进行了完全的置换，是 AI 在组织和协调其他的 AI。

　　那么，这还是组织吗？

　　公司是组织的一种，只不过多了对利润的追求。然而，无人公司如果都不是组织了，那么它还是公司吗？

　　若按严格定义来确定，无人公司既不是组织也不是公司。

　　那么，是无人公司这个名字叫错了吗？

管理大师定义的权威性在此遭遇来自 AI 的挑战，科幻真正照进了管理现实。

我们必须做出选择。如果我们认为过去的经典定义没有问题，那么无人公司就不是组织；如果我们认为无人公司也是组织，那么过去关于管理和组织的诸多定义和理论似乎要被 AI 一下子推翻了。

机器人是组织吗

如果当老师在讲授组织行为学课时，你突然发问："机器人是不是一种组织？"那么，课堂上很可能先是鸦雀无声，随后便是哄堂大笑。大家会觉得你是个不正经的"课堂小调皮"，开了个还算恰当的玩笑。但无人公司的出现将这个问题变成了一个严肃问题，其影响之深远超想象。

机器人是不是组织这个看似滑稽的问题对巴纳德等的经典定义形成了本质的挑战。在我看来，汽车人和霸天虎等电影中塑造的机器人都是组织。

组织的诞生远早于管理学。大师们是在其所处的时代背景下完成的定义，这一定义可以涵盖过去，但未必就能涵盖未来。

过去的世界里没有这些和人高度类似的机器人，可如果他们真的出现了，难道机器人的组织就不是组织了吗？这显然是不合理的。

所以，大师们未必错了，而是环境的变化使得定义也需要与时俱进。若要真正探求这种定义在新时代背景下的合理性，我们需要回到更为本源的地方。

当 AI 智能体大量进入公司时，我们到底要把它们看成什么呢？

它们不是简单的机械和物品，因为其已然具备自主行动的能力。

它们也不是人，因而过去的各种管理概念定义中并未涵盖他们。

它们不需要法律上赋予劳动者的权利，却如同劳动者一般履行着企业赋予的权责。形象地讲，我们经常说的人、财、物都无法涵盖它，颇有一种"跳出三界外、不在五行中"的意味。从根源上看，正是 AI 智能体这种非人非物、似人似物的属性给我们带来了认知上的混淆和困惑。

这时确实需要勇敢一些，并且需要具备科幻思维。

只要我们认为 AI 机器人（类似汽车人）组成的团队都是组织，那么无人公司也都是组织。只有一个人却有无数个 AI 智能体的公司是一种组织，一个没有人只有 AI 智能体的公司同样也是一种组织。

这需要我们人类在组织定义中给予 AI 智能体与人类平等的地位，或者干脆从效用的角度来看待组织。

至此，我们已然需要对组织进行重新定义。这种组织与过去大不相同，所以我们将其命名为智能组织。

参照巴纳德的定义"当两个或两个以上的人进行合作，即系统地协调彼此之间的行为时，组织就形成了"，智能组织可以定义为一个**算法程序基于人类设定的价值观，并协调一个或多个 AI 智能体或人的活动或力量的系统。**

与巴纳德的定义相对比，我们能够发现，过去的组织是以人作为组织的单一智能供给方，可以没有财、物，但不能没有人，智能组织则是人和算法形成双核心的智能供给。在极端的情况下，可以没有人类，但一定要有算法。人是智能的载体之一，但并不是唯一载体。

按照这个定义，无人公司是智能组织，也就仍是公司，只不过是一种特殊形式。这样看来，反倒是不需要修改定义。

从组织到智能组织

这个组织定义的变化极具颠覆性，我们真的能够将一个没有人类存在的系统称作组织吗？

我心里毫无把握，所以前去请教了北京大学国家发展研究院的王岚导师。

王老师给予了我一个详细的指导，这让我更有信心地相信，技术的颠覆性将促使我们改变经典的组织定义。下面的内容是我基于王老师的回复整理而来，可能会带有一点学术气息。

总结各类组织定义的根源，我们会发现包括巴纳德、马克斯·韦伯（Max Weber）等学者都直接或间接地指出，组织的本质包含以下几个方面。

（1）**组织是一种社会系统。**它不仅是一群人或资源在特定地点的简单集合，而是一个错综复杂的社会系统。在这个系统中，个体与资源之间紧密相连、相互影响，以一种结构化、系统化的方式来实现既定的目标或任务。例如，人类被赋予不同的角色和职责，资源得到合理分配和利用，组织内部被划分出明确的结构和层次等。

（2）**目标导向。**组织的存在是为了实现特定的目标或目的。这些目标可能涵盖经济、社会或其他多个领域，为组织内的成员提供了方向和动力。

（3）协调和合作。组织的核心功能是促进成员之间的有效协调与合作，以实现共同目标。

（4）权威和领导。韦伯认为，传统组织是一种具有明确权力分配网络的社会结构。权力被合理化，并对成员行为产生影响。权威和领导能够帮助确保组织的顺利运行和目标的实现。

在这种本质特征中，人类并不是关键的要素。

当 AI 智能体加入组织时，组织的四个本质特征实际上并未发生变化，但内涵却有了延展。形象地讲，假如存在外星人，那么外星人的组织同样也是组织，虽然组织的关键要素可能由人类变成了其他非人类的智能体。

智能组织也是一种社会系统，这个系统由一个或多个 AI 智能体，或者由人类与 AI 智能体混合组成。他们之间拥有明确的角色、责任和复杂的权力关系，通过彼此协调和合作实现共同的目标。

对组织的定义进行修正并定义智能组织后，我们得到以下发现。

（1）智能组织是一种社会系统。它不是单纯地将一套智能解决方案引入传统组织，而是构建了一个由人类和 AI 智能体相互联系、相互影响而形成的一个复杂社会系统，旨在实现特定的目标或任务。在这个社会系统中，AI 智能体既被视为一种物质资源，也被当作一种拟人化的人力资源。在极端情况下，当人类设定好 AI 智能体后，这个社会系统的运转和维系可以无须人类参与。

（2）目标导向。智能组织的存在是为了实现特定的目标或目的。

（3）协调和合作。智能组织的核心功能是协调与合作。但与传统组织不同的是，这种协调与合作包括三个层次：第一，AI 智能体充当工具或载体，促进人类成员之间的协调与合作；第二，智能组织促进人与 AI 智能体的协调与合作；第三，以自动化和智能化的方式促进 AI 智能体之间或 AI 智能体与物质资源之间的协调与合作。

（4）权威和领导。智能组织颠覆了传统组织的科层制，构建起一种全新的权力分配网络的社会结构。在这一结构中，AI 智能体的权力呈现双面性。一方面，AI 智能体由人类设定，遵循人类的价值观与体系；另一方面，AI 智能体通过辅助、指导，甚至代替人类决策的方式，在不同程度上承担起管理者和领导者的角色。

所以，虽然没有人类参与，前面定义的完全由 AI 智能体构成的公司也是一种组织，这基本上并不违背过去学者们对组织定义的出发点。

我们改变了定义的形式，但更直指本质。

定义的变化看似微小，但放大到应用层面却如同引发地震一般。我们可以将机器人认定为组织，但显然不能用激励人类的工资、奖金等手段去激励这些机器人。

我们过去所有的经验和知识都是用于经营或治理以人为主的企业。如今，我们构建了一段程序、模型和数据，声称其也是组织。如此看来，这套知识体系需要进行大量的修正才行。

你购置了一栋房子（无人公司的软件产品），当房子坍塌（无人公司运行出错）并对他人（如小股东）造成损害时，到底该由谁来承担责任？又该承担多少责任呢？显然，这类新问题会不停地涌现出来。

当 EMBA 遇到机器人

EMBA 是一门旨在提升有工作经验人员的经营管理水平的课程。

那么，这个课程到底是讲什么内容呢？主要内容就是关于如何经营管理好一家以人为主的企业。

比如，组织行为学讲述的是很多人聚集在一起形成组织后，人会有什么样的特征，组织又会有什么样的特征。我们经常提及的消极懈怠，在组织行为学中会从一般适应综合征的角度进行解读，并将其分解为警报、抵抗、衰竭三个阶段。衰竭阶段的一个表现就是消极懈怠。

那么，机器人如果学了这个课程会让自己对其他机器人的管理提升到更高水平吗？估计不会。基于人的考量在机器人那里一点用处也没有，而一切从人的特质出发是这门课程的基础之一。所以机器人如果不是被人类误导了，应该不会支付这笔学费来学习 EMBA。

1. 管理学的瓶颈

无人公司的情况则与机器人有些类似。在无人公司面前，这些由专家学者研究了上百年的知识体系变得没那么重要了，已经到了必须更新的时候。

不更新也不行。如果没有人类，为什么要研究人力资源呢？在全是

AI 智能体的组织里，组织行为学会更像一个模型，它需要关注协调的算法效能到底怎么样，AI 智能体的行为是否离谱，而不再需要许多心理学知识。这与全是人类的组织完全不是一回事。即使是在一半人类、一半 AI 智能体的组织里，也需要同时考虑人类和 AI 智能体，而不是像过去那样仅仅关注人类。

在商学院中有这样一个案例，它只有几百字，却长期存在。

> AMAX 汽车公司是一家拥有三条生产线的汽车公司。A 生产线定位于豪华车市场；B 生产线定位于高端车市场；C 生产线定位于大众市场。三条生产线均按各自不同的品牌进行销售，运用不同的分销系统。目前，ABC 生产线分别由 A、B、C 事业部负责生产和营销。对三个事业部而言，有些组成部件是共用的，有些部件部分外购，部分则由公司内部制造。此外，各事业部之间存在相当大的技术和工艺诀窍的转移。具体而言，产品创新似乎起源于事业部 A，随后转移到事业部 B 和 C。但是工艺创新似乎起源于事业部 C，随后转移到事业部 A 和 B。

这个案例如果分成几期看，那么后续可能会发生这样的情况：公司在运行一段时间后，发现事业部制存在诸多弊端，比如产品和技术的迭代速度跟不上时代发展。在业绩下滑时，公司决定进行机构改革，按职能集中力量，将 A、B、C 三个事业部变成职能部门。如果公司足够幸运，借此渡过了难关，那么很可能会有后续发展。若干年后，公司可能发现对市场的响应成了障碍，于是又开始进行矩阵型的调整。

由于问题一直未能得到解决，所以类似的案例就一直存在。但如果将这种案例拿给希望掌握如何驾驭无人公司的企业家，显然毫无意义。这一案例有删除的必要。

这是我们前面放宽了组织定义所带来的"恶果"。我们把没有人但能自主行动的无人公司认定为组织，其后果很"严重"。一边是人类和汇报层级，一边是代码和模型，若用思考前者的体系来思考后者，就注定会接连碰壁。

如果说在过去，平衡计分卡等方法是全方位的管理方法，那么到了我们关注数字化的时候，技术已经开始发挥作用，在考虑管理运营时往往需要关注数据和部分技术。最后，到我们假想的极端情况——无人公司阶段，管理变成了纯粹的技术。这两端所需要的管理技能完全不一样，前者需要现在的首席执行官，后者则需要一个懂运维的领导者。

不过，在如今既有手动驾驶又有自动驾驶的年代，即便还是手动驾驶，但也与以往不同，这合乎情理，并不稀奇。

2. 企业家被颠覆认知的命运

影响还不止于此。

EMBA 所沉淀的知识武装的是企业家的大脑，可突然之间这套体系不再适用了，这就意味着企业家面临着需要被颠覆认知的命运。

我们都知道，英国人在索姆河战役中首次使用了坦克，但实际上在英军手中，坦克自始至终都没有取得真正具有决定性的战果。

在深入思考坦克等的威力后，基于速度、奇袭、集中三个原则的"闪电战"被提出后，坦克才在战场上爆发出巨大的威力。闪电战并非单纯地使用坦克，而是需要特别的补给车辆、新的通信方法和分散化的指挥方式。这种战法变化是战争的系统性、多层次的变化。

此前的名将和大帅们若不进行认知升级，而是保持指挥骑兵或者步兵的思想，那是无法驾驭高速机动的机械洪流的。任何一种新工具都并非只有正向作用，也可能会伤害到自身，智能组织更是如此。

无形的精神内核支撑着各种智能组织中的行为规则、价值观念、高维场域等一系列因素。当情况发生变化时，如果需要改变精神内核，智能这种内置的特征会成为障碍，并且由于已经强化的刚性，反倒是更难改变。在这个维度上，智能组织与时俱进的周期可能更长，难度可能更大。这也许是接近有机生命体所付出的代价。

不管怎样，现今智能组织对企业经营的影响或许比坦克对战争的影响更大。企业家们都需要找到属于自己的闪电战打法，毕竟，别人的坦克已经快要开到自家门口了，不是吗？

3. 产业链智能组织化

无人公司和智能组织的影响并不局限于单个公司。当每个公司都变成无人公司时，整个产业链条的运行规则无疑也会发生变化。

圣吉在《第五项修炼》中运用啤酒游戏说明结构对行为模式的影响，

很有趣的是，这个游戏正好也可以用来说明智能组织和无人公司对产业链的影响。

啤酒游戏是这样的，游戏一共分为三个角色：零售商、分销商、啤酒厂。他们每周都只需做一个决定——要订（生产）多少箱啤酒。

从某一周开始，零售商所看到的事实和做出的决策是这样的。过去他们稳定销售的一个啤酒品牌叫作"情人啤"，每周能卖出 4 箱，所以他会在店里备 12 箱存货，每当卖出 4 箱后，就补充 4 箱。

突然有一天，销量从每周 4 箱变成了每周 8 箱，原因是有一首新推出的单曲——《叛逆偶像》，这首歌最后一句唱道："喝完最后一口情人啤，我冲着太阳奔去。"这首单曲无疑影响了大众需求。

接下来，零售商因订购的货物迟迟未到而不停地增加自己的订货量，从 12 箱到 16 箱，再到 24 箱。零售商增加订货量的原因不是每周销量的显著提升，而是零售商预期的货物迟迟未到，所以他就想尽可能多地囤货应对后续销量。

这些信号传递到分销商后，就会导致类似行为的出现。从分销商的视角看，每个他面对的零售商的订货量都增加了两倍及以上。这时，分销商也听到了单曲，再加上零售商的反馈，分销商觉得也需要增加预订的货物量，先增加到每周 20 车（1 车大概 144 箱）。当存货见底，货物还没送达的时候，分销商也会更加着急，并且放大这个倍数以增加库存，比如每周 30 车、40 车、60 车。实际上，相当于市场的需求信号被进一步放大，并从分销商向后传递。

这些信号传递到啤酒厂后，从啤酒厂的视角看，需求突然增加，产能不够，于是加班加点地增加产量，甚至考虑扩建厂房。

所有这一切都会在产能提升后发生反转。市场上的实际情况是一个零售店每周需要 8 箱啤酒，零售商、分销商在囤积了大量库存后，就都不再订货了。他们发愁怎样将之前多订的货卖出去，而工厂更加痛苦，它扩张后的产能和库存都需要很长的时间进行消化。

在这个过程中，零售商、分销商、工厂都是根据市场的反馈，采取自认为应该采取的行动，但最终增加的市场需求反倒是给各方带来了灾难性后果。

那么，假如零售商、分销商、工厂都基于智能组织来开启自己业务并相互联通，将会发生什么？

显而易见的改善就是销量、库存、补货、生产会形成一个持续反馈并响应的闭环。遇到《叛逆偶像》这类事件时，大家更能够回归到一个全局的认知，可以彼此确认到底如何应对才更合适。

更有利的情况是，基于过往数据甚至可以算出最优解。只要有历史数据，再加上对影响力的建模，就可以估算出这类冲击的波峰与波谷时长。

当然，啤酒游戏处于一个极为纯粹的环境里，现实环境会更复杂。在真实情境下，信息不对称会影响价格，所以每个组织单元（公司甚至公司里的部门）都会有意保持信息的不透明，以便获得更大的利润空间。这会导致博弈，事实上也经常会导致出现类似啤酒游戏中的后果。

要想解决这类问题，如果能够让产业链条在互信的基础上形成更为有机的反馈链条，具有一种整体性，是可以解决问题的，而智能组织和无人公司为此创造了重要的前提条件。

无人公司 = 组织的"完全自动驾驶"

我有几个朋友在从事无人驾驶相关的工作。有一次聊到无人公司时,他们突然提醒我说:"你说的这不就是公司的自动驾驶嘛!"

这并不是什么好消息,因为自动驾驶是一个投资了数千亿美元却仍然还没有大范围落地的领域。但必须承认,这个类比还是挺形象的,比起用文字去尝试定义智能组织或无人公司要容易理解得多。

智能组织确实是组织的自动驾驶。

恰如自动驾驶需要分级,无人公司并不会一下子就实现,更多的时候我们只是处于前往这个目标路途中的某个位置。我们可以参照自动驾驶的分级标准,拟定智能组织的分段并提炼其主要特征(见图9-1)。

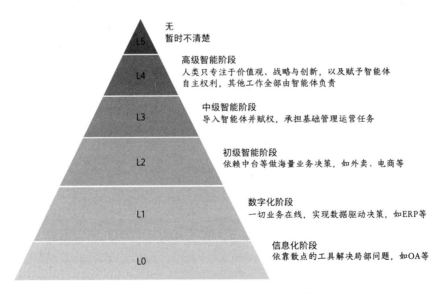

图 9-1 智能组织分段及各阶段主要特征

智能组织的分段除了让发展方向更清楚，还暗合了公司后续的发展变化过程。

1. 拆掉公司里的"脚手架"

完全自动驾驶和驾驶辅助的区别是什么呢？它们需要的汽车不一样。

现在，驾驶辅助的汽车需要为人类准备大量的"脚手架"，以便让人类能够自如、舒适地操控汽车。仪表盘、方向盘、紧急制动、油门以及背后支撑它们的传动系统等全部服务于这个目标。而自动驾驶汽车不需要这些，所以越是全自动驾驶，这些扮演"脚手架"角色的设施就越会被拆除。

公司也一样。为了进行管理与控制，公司在运转过程中必须设置大量流程。绝大部分流程并非着眼于效率，而是为了确保安全。随着意外事件的增多，流程也会越来越多且烦琐。现在，所有这些流程都需要被去除，因为在算法的世界里，不再需要这些专门化的流程。而前面章节所呈现的，正是去除这些流程的过程和结果。

这种去除所带来的影响远不止于人效、竞争模式、组织模式等经济方面的特征。随着智能组织的不断发展，"脚手架"拆除得越来越多，公司或者组织也会越发进入自身的下一个阶段，恰如从爬行动物到哺乳动物再到人类的进化历程。若要真切感受这种变化，我们需要具备一些所谓的"大历史"视角。

2. 大历史视角与正负螺旋

公司的发展历史极为庞杂，所以我们选取软件开发这个相对简短且简单的领域，审视一下它的发展过程。

20 世纪 70 年代软件开发正处于发展阶段，优秀的程序员多是以小团队的形式开展工作，留下许多精彩故事和传奇事迹。比如，曾经为许多银行结算提供支持的 Unix 系统由两个人编写而成，而支撑着绝大多数互联网服务器的 Linux 系统是一个人编写的。

后来人们发现，当软件规模不断扩大时，个人的随性在大规模软件开发中可能会引发严重问题。在软件工程的经典著作《人月神话》中，失序的大型软件开发被弗雷德里克·布鲁克斯（Frederick Brooks）比作在焦油坑中挣扎的上古巨兽。它越是挣扎便沉得越深，而沉得越深就越发挣扎，但不管怎么样都无法摆脱死亡的命运。

这类软件开发的困境曾一度被称作软件危机。首先扛不住的并非个人和企业，而是美国国防部。它所面临的外在压力催生出能力成熟度模型集成（Capability Maturity Model Integration，CMMI）这样的方法论。

20 世纪 80 年代，美国国防部和卡内基·梅隆大学软件工程研究所深感软件开发过程中质量管理和过程改进问题日益严重。随着软件复杂性增加和规模扩大，软件开发的质量和效率难以保证。

为了有效应对问题，研究所开发了一种过程改进模型，即软件成熟度模型（Capability Maturity Model，CMM），用于评估软件开发组织的过程成熟度并实施过程改善。CMM 模型被广泛接受，但起初适用范围有限，仅适用于软件开发领域。为扩大 CMM 的适用范围，研究所在 1998 年推出了 CMMI，将软件开发的成熟度分成 5 级、22 个过程域，且每个过程域中均设有具体的管控手段。

这样，CMMI 不仅可以评估组织的成熟度，还能够提供改进指导与实施方法，帮助组织提高业务绩效和竞争力。这看起来似乎如同拥有九转金丹一般，具有起死回生的效果。

尽管现实的复杂性绝非轻易能够应对，但采用 CMMI 进行持续改善确实提高了软件开发的规则性和稳定度。但在不断加入管控环节的同时，新问题也随之暴露：开发流程过于缓慢且刚性，不能及时响应客户需求和市场变化。极端来讲，知名的用户侧产品没有一个是完全按照这种方法论打造出来的。因此，随后又导致了敏捷思想和相应工程实践的兴起。

敏捷宣言强调个体和互动、可以工作的软件、响应变化、客户合作等核心价值观，本质上是重新回到以人为中心，而不是以流程为中心。但这还是不能解决问题，核心问题在于，如果每个人都积极主动，那么最终权责该如何确定呢？一个人可以非常主动地满足用户需求，响应变化，但如果出现问题导致重大事故，责任又该由谁承担呢？

这着实像是 60 年一轮回，世界顶尖的智者持续思考，然后在软件开发认识上不断循环。在轮回的过程里，真正的问题并未得到彻底解决，随着软件复杂性的增加，我们仍然处在软件危机之中，并面临两难的选择。增加"脚手架"可以更安全，却会失去效率；反之，则有效率但不安全。

这其实是达到公司这种组织形式的能力上限后，无奈之下只能采取"面多了加水，水多了加面"的方式来调节运营策略的必然结果。

　　这时，负责提供智慧的人类纵然万般努力，最终在发展和衰退之间所达成的平衡也是相当脆弱的。

　　如果将处于这个过程中的公司等视为四维空间中不停旋转的一个实体，那么我们会发现失序、均衡、平稳、熵增加、再创新、再失序的过程不停反复，在对立统一的矛盾消解中，各种变化悄然酝酿，推动着公司或行业不断向前。

　　这时，实践成为感应外部变化，并驱动再创新的手段和过程。均衡的现实含义也就转变为明确自己是什么，同时界定自己的边界（或者说确定自己不是什么）。当外部变化并不因这种定义而改变，持续飞速向前让二者出现偏离时，便会导致摩擦、冲突乃至毁灭。所以必须进行再创新和改革，以适应新的形势。这种努力与尝试注定会打破均衡，带入新的失序。这就是人们常说的螺旋式上升。在四维时空内的螺旋中，概念与现实的历史实现了自身的统一。

　　在特定的时期，在一种模式之下（包含科技、组织形式等），螺旋式上升并非没有限度。一旦到达限度，便不再上升，而是转变为同一平面的震荡，时而正旋，时而逆旋，但实际上是陷入困境之中。

　　衍生问题在于：究竟什么才能够让螺旋持续放大正旋的力量？螺旋的中心又是如何被定义的呢？

　　我们前面所描述的科技（对于无人公司是 AI 智能体）为螺旋注入张力。所以，当科技力量增强时，公司与组织便蓬勃发展并向外扩张。但显然，这种外向发展并非恒常不变。一旦科技力量因能源、环境价值取向等因素而衰减，逆向螺旋便开启，公司与组织也随之开始衰颓。

同时，螺旋之内的所有建构对中心形成无形的依赖。

中心处正是人类的价值观念，如古人所说的"为天地立心"的"心"等虽无形但有力。科技正在不断缩减主客体之间的距离，使得二者更为统一，让精神更直接地映射为力量。

从大历史视角看，无人公司实际上是公司进化的下一站。实现一次级别跃迁，待螺旋放大后，大量过往的矛盾会在跃迁中消解。所有尝试用 CMMI 类方法解决的困境将不复存在，但新的矛盾也会随之出现。

3. 每个人的偶然与必然

AI 越是发展，我们越会进入一个加速的周期（见图 9-2）。这个过程就像是否有铁路不仅影响运输行业，还会影响人的生活方式一样。公司作为每个人自我实现的主要选择之一，当它在发生跃迁时，它所带来的变化注定会荡起阵阵余波，从小到大、从里到外影响着每个人。

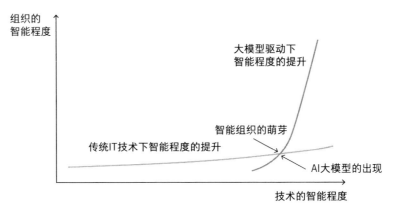

图 9-2　智能组织随技术进步加速发展

　　面对 AI 带来的冲击，每个人都将在未来不可避免地面临挑战。我们需要重新界定人类与 AI 智能体之间的分工界限与合作模式。这不仅涉及现有角色的更替，还包括角色的强化，同时也会催生全新的角色。

　　《隐入尘烟》里的马有铁和《摩登时代》里卓别林饰演的角色不一样，钢铁侠和马有铁也不一样。在无人公司时代，必然会诞生与之相匹配的新人类。在新人类身上，无人公司力量的加持与个体创造的偶然性将会深度叠加。到那时，每个人必然会因为 AI 而强大，这种强大让人生的可能性更多，充满更多精彩的偶然。当 AI 真正崛起之后，每个人的一生应该会与现在大相径庭。

10
新人类的诞生

　　人的性格应该与天性和环境都相关。恰如在公司中，有的同事个性极为张扬，有的同事则心平气和，但在一个公司待的时间长了，大家又都会有所趋同。

　　置于 AI 组织的背景之下，如果我们沿着无人公司和智能组织的路线一路飞奔下去，生存环境的巨大改变也必将使人的性格发生重大变化。

上古精神的复苏

　　从食物采集到农业革命，再到工业革命，人类的文明和力量无疑得到了极大的发展。但在这个过程中，我们好像也失去了一些东西。

1. 原始态

如果将赫拉利的《人类简史》和勒芬·斯塔夫罗斯·斯塔夫里阿诺斯（Leften Stavros Stavrianos）的《全球通史》中关于不同文明时期的精彩描述综合在一起，并快速概览，我们会发现，在文明进步的同时，人的活动自由度也在发生变化。

在远古的狩猎采集时代，人类通常每周工作 35 ～ 45 小时，每隔两天便进行一次狩猎活动。由于当时食物资源相对充足而人口稀少，基本生存问题并不难解决，采集蘑菇、捕捉青蛙等简单活动就能满足日常所需。同时，因为生活节奏较为缓慢，人们无须耗费大量时间整理房间、烧菜做饭等，所以生活反而显得悠闲且富足。至于寿命，如果刨除儿童早夭的因素，即便是生活在那个原始时代的人们，平均也能达到 60 岁以上。相比之下，现代人的生活似乎更加繁忙。

大约一万年前，随着农业社会的到来，小麦等农作物的种植虽然提高了粮食产量，却也使人类变得更加忙碌。在这一时期，人类的大部分时间不得不投入耕作之中，诸如除草、驱虫、灌溉和水利等工作占据了他们更多的时间。正如《人类简史》的作者所指出的："公元前 8500 年杰里科人过的生活，平均来说要比公元前 9500 年或公元前 13000 年更为辛苦。"进入工业革命后，人类的忙碌程度更是超过了农业社会。在泰勒主义等理念的引导下，生产过程被分解为一系列需要紧密配合的小步骤。这些步骤环环相扣，任何一个环节出问题，都可能导致整个生产过程的停滞。因此，为了确保生产的顺畅，每个参与生产过程的人都必须遵循统一的时间表。在这种情况下，个人的自由度明显被压缩，个人时间也更多地倾向于工作而非家庭生活。

如果提供一个带有刻度的时间穿梭机器，然后让大家可以带着家庭自由选择，那么非常多的人在看了上述描述后，可能会把指针拨到食物采集岁月。

虽然社会文明化的过程创造了更多的财富，但也缩减了人的自由度。如今停留在大分工体系上的我们，总是被圈在一个个小角落里，为生存而精疲力尽。

生存变得没有上古艰难，然而属于自己的时间确实在减少，越是希望通过奋斗取得成绩，生活和工作之间的天平也就会越向后者倾斜。

这可能是整体文明化的代价，我们必须牺牲某种自由度，以获得社会整体的滚滚向前以及自身更好的生存条件。我们的专业度变得更好，但确实不再有上古先民们直面猛兽而上的勇气。

故事显然并未终结。互联网崛起后，AI 的冲击波正在到来。如果我们按照赫拉利的风格续写人类的故事，那么未来的我们会是什么样子呢？

2. 告别稳定态

在互联网时代，环境的波动特征已经和过去相比有了极大的不同。

据不完全统计，2022 年，在众多排行榜中，App 的排名如下：微信、淘宝、支付宝、抖音、高德地图、拼多多、QQ、百度、搜狗输入法、百度输入法。

那么，在 2015 年呢？

当时的排名情况是：微信、QQ、百度、搜狗手机输入法、淘宝、QQ 浏览器、百度地图、百度手机助手、UC 浏览器、腾讯新闻。

这类数据由于统计口径难以统一等，会有一定偏差，但并不影响我们看到即使是排名前列的 App，也并非处于稳定状态。不只抖音、拼多多这种新应用的崛起会对其产生冲击，人们信息获取方式的变化同样也会带来影响——显然，浏览器这个 PC 时代重要的信息入口，已不再是我们主要使用的信息获取方式了。而越往尾部看，这种波动就会越发剧烈。

2015 年，排名第 101 到 110 位的 App 是乐安全、联想日历、WPS Office、91 桌面、芒果 TV、可可软件商店、360 省电王、爱音乐播放器、绿茶浏览器、中国建设银行。

而在 2022 年的排行里，App 不仅基本不与 2015 年重叠，很多之前的 App 已经彻底消失不见，比如乐安全、联想日历、91 桌面、可可软件商店、360 省电王、爱音乐播放器、绿茶浏览器。

不只是 App 会表现出这种波动，甚至企业也开始呈现这种波动特质。有研究显示，国内中小企业的平均存续周期不到 3 年，而据麦肯锡估测，S&P 指数股企业在 1958 年平均存续周期是 61 年，到 2023 年则降到了 18 年。

相对于过去，这是何等剧烈的波动！

1885 年，卡尔·本茨（Karl Benz）设计并制造出第一辆汽油驱动的汽车，这也被认为是现代汽车的鼻祖。2008 年，特斯拉推出第一款电动跑车 Roadster（过去有电动汽车，但一直不成功）。整个时间跨度接近

100 年，但在今天，估计没有人会意识到电动汽车的更新换代，比如自动驾驶技术对汽车整体概念的重新定义，还需要再经历一个世纪。

如果我们认为波动加速的趋势源于信息流转速度的加快，那么显而易见，智能组织由于能够更迅速地处理信息，将导致现实中的波动变得更加迅猛。波动的加速使得每个人每天面临的挑战急剧增加，失败与成功的频率也随之上升。这种快速的结果反馈将重塑每个人的性格。

每个人都需要更直接地面对更多的挫折、失败和压力。同时，每次震荡都会使一部分人从原有的岗位上被震荡出去。

未来的人类将拥有更富裕的物质基础。那时，他们既不必像农业文明中终年四时劳作的农民，也不必像工业时代加班加点的工人。因为所有这些工作都能由 AI 做得更好，从而被让渡给 AI。但在加速的波动中，未来的人类或许需要具备一种上古先民面对猛兽时毫不畏惧、勇往直前的精神。正是这种精神，使我们能够在频繁的变革和挑战中抓住机遇。从这个角度看，变化其实是属于现代人的"猛兽"。

3. AI 如浪潮，谁是船上人

当 AI 发展到一定程度后，现有的经济结构和分工体系必然会崩溃，而崩溃与重建的过程也注定将同时发生。

AI 进化的过程（见图 10-1）是 AI 的世界与人类的世界逐渐重叠的过程。在这个扩展过程中，最终结果是人类需要站到世界的边缘。

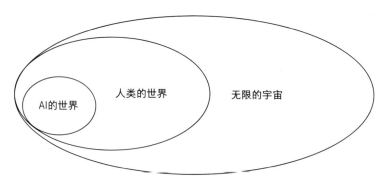

图 10-1　AI 与人类的世界

这是一个重复递归的过程。一旦开拓了新领域、达到了新高度，使某一部分从混沌走向有序，那么这部分就会变得更适合 AI。

伴随这一过程，人类世界的范围将不断扩大。然而，宇宙无限，这一征程注定没有尽头。

这是之前提及的 SECI 模型的一个更为宏伟的版本，它融入了对 AI 智能体与人类角色的深入考量。当知识实现外显化后，其应用将转由 AI 智能体承担，而人类则在现有基础上创造新的隐性知识，进一步拓展文明的边界。

那么，是不是只有少数人才能站在世界的边缘呢？

其实并非如此。因为分类是无限的，机会属于每一个人。并非每个人都必须去发现黑洞或新的粒子，成为制作寿司的极致匠人同样可以获得成就，制作煎饼馃子亦然。无论能否成为更善于驾驭 AI 的新式匠人，AI 的进步都将使我们从既有体系中脱颖而出。

这种由 AI 驱动的变革同样具有残酷性。

如果人的心性足以驾驭 AI，那么在它的帮助下，人们的个人成就将会达到从未有过的高度，并站在人类世界的边缘。相对地，若个人心性不足以驾驭 AI，并且自身能做的事情被 AI 完全取代，那么将会是另一番景象。在农业社会，驾驶马车曾是一项独立且技术含量高的工作，但随着拖拉机和汽车的普及，这一角色便不再创造经济价值。技术的演进总是伴随着新的分工模式，而新的分工模式也意味着职业角色的更迭。当个人不能与时俱进时，他们可能会在基于 AI 的新分工体系中找不到自己的定位。

随着 AI 技术向通用智能领域迈进，其潜在的影响将更为深远，因而试图回避这一趋势是徒劳的。

在未来的岁月中，逃避和得过且过将成为企业生存的障碍，在面对猛兽时立即转身逃跑，只会将自己的脆弱后背暴露给对方。

不管怎么样，我们与处于食物采集时代、农业时代、工业时代的祖先们已经大不一样了。沿着这个脉络继续想象未来，那么未来必然也会迎来新的一代人。

AI 原住民

从未来回看 2023 年，它很可能是特别值得铭记的一年，其意义甚至超过 2007 年第一年 iPhone 的发布。仅在数字技术领域，就有 GPT-4 的发布，而它将在未来可能扮演越来越重要的角色。

简单工具（锄头、犁杖等）→ 动力机械（放大人的力量）→ 电脑（通过编程放大人的计算能力）→ 弱 AI（早期 AI 算法）→ 强 AI（未来的更强大的 AI 模型）。

如果技术的进展已经将我们推到了两条路线合流的前夜。在强 AI 的边缘时刻，一个无法回避的问题就是每个人和 AI 智能体的关系。

1. 你 = 你 +AI

在智能组织的未来，每个人都会成为人与 AI 的复合体。我们 80% 的时间将处于"钢铁侠"般的状态。

如果说手机已经成为我们延伸的感官，主要提升了我们的视听能力，那么 AI 无疑也将成为我们扩展的器官，但它扩展的是我们的思维能力。它不仅强化了大脑的功能，还会创造出我们的数字分身。

从外部视角来看，人与 AI 的结合更像一个统一的整体，而非一个附加的、可有可无的工具。

假如每天接收 2000 条消息，我们可能更愿意让 AI 帮助我们筛选出哪些是值得阅读的，哪些可以忽略。随着 AI 与我们深度协作，这种筛选将变得精准且符合我们的个人偏好。

如果说上古的勇猛精神更像是一种内在的心性，那么 AI 复合体则将其外在力量进一步放大。

当勇猛精神被放大之后，新人类将会呈现出怎样的面貌呢？

这似乎是一个科幻领域的问题，我们或许能在科幻电影中找到答案。

2.AI 电影里的艺术真实

如果我们忽略情节，会注意到《黑客帝国》等电影存在一些共同特征：影片里的程序员们似乎总能突破重重障碍，轻易获取他们所需的各种事物，如武器、行动路线、房间、交通工具等，仿佛世界被折叠了一般。这显然是艺术创作的夸张手法，但不能忽视的是，它隐喻了在数字化程度足够高、智能足够强大且资源足够丰富的未来世界中，可能出现的某些特征。

在智能技术无处不在的今天，我们感知的空间被极大地扩展，时间似乎也被压缩。距离感逐渐消散，我们能够实时获取世界的完整信息，并在其中自由穿梭。

在这样的背景下，AI 智能体的出现显得尤为必然。没有 AI 智能体的辅助，人类将难以处理周遭世界不断涌现的海量信息，而无法有效处理这些信息，无疑会在竞争中处于不利地位。

进一步讲，鉴于 AI 智能体之间的交互以及与人类的协作涉及大量信息和高频率的交流，这种模式并不适合人类直接参与。因此，许多系统被设计成两部分：一部分仅包含 AI 智能体，形成一个高速运作的系统；另一部分则用于人类与 AI 智能体之间的交互，这是一个相对低速的系统。后者通过某些特定的设置对前者施加影响。

在当前技术发展的趋势下，我们的未来很可能将如上所述。

一旦我们生活在这样的环境中，扮演代理角色的 AI 智能体会与我们人类愈发相似，它会根据我们日常的反馈不断调整和调优自己的行为。

用技术术语来说，就是每个人都会拥有一个经过个性化微调的 AI 大模型，以及基于这个模型的专属 AI 智能体，而不是所有人都使用同一个标准化的 AI 大模型与 AI 智能体。

这并非纯粹的科幻，像《多智能体微调：通过多样化推理链进行自我改进》（Multiagent Finetuning: Self Improvement With Diverse Reasoning Chains）这样的论文已经开始对类似的方向进行探讨。

如果这种类似科幻电影中描述的场景变成了现实，意味着什么呢？

3. 极致的真我与放大器

在上述环境中，实际上会形成一种信息按需供给的机制，想要获取多少信息就有多少信息，可以根据个人兴趣关注任何方向，实现信息的个性化定制！

在过去，当我们想要观看电影时，通常需要亲自从电影库中按照类别挑选一部，接着进行观看。然而，在当今的信息消费模式下，情况已经大不相同。当你告诉你的 AI 智能体想要观看一部电影时，它会和电影服务提供商的 AI 智能体进行沟通，综合考虑你近期的状态和观影历史，为你量身定制一部电影。这正是信息层面的按需供给。随着 AI 技术的快速发展，借助于专属的 AI 智能体，这一切将变得异常便捷。

就像所有技术都具有双刃剑的特性，这种智能的丰富供给亦复如是。

在这种情况下，一个潜在的不良后果是形成所谓的信息茧房。那时，信息茧房不仅存在，而且可能变得异常舒适。AI 智能体将会为你筛选和获取你关注和喜爱的内容，保证符合你的心意。这反过来会影响你的偏好，导致你的个人认知乃至价值观都可能偏向于某个特定的方向。不知不觉中，你可能不再关注真实、完整的世界，而是在 AI 智能体的辅助下，构建并沉浸在符合个人认知的数字世界中。

与此相对的是，一个更为积极的发展趋势是，人们不仅是 AI 生成信息的消费者，更是与 AI 协作的信息创造者。

以 AI 提供的电影、音乐等服务为例，它们至少在某些方面展现出独到的见解和创意，使得这些服务能够引领新的潮流。这正是智能技术带来的益处，它简化了创作过程。在蒸汽朋克尚未出现时创造蒸汽朋克，在科幻尚未诞生时创造科幻，这些不再仅限于艺术大师，而是变成了每个人都能参与的活动。

无论是前述的哪种状态，手段和方法本质上并无差异，均须依赖 AI 智能体进行大量信息的搜集与反馈。不过，人们从出发点所处的状态确实存在差异。

一种状态是内向的，另一种则是外向的。古语有云："天行健，君子以自强不息。"在此，这句话似乎得到新的诠释：它打破了信息茧房的舒适区，成为勇敢面对未知世界，并创造未知世界的源动力。

如果说 AI 充当的是一个放大器的角色，那么 AI 原住民的终极特质，必然取决于你如何定义自我，取决于最初始、最根本的价值取向。而这种取向的选择属于人类，而非 AI。

我是我

我们可以先来看三种不同的生活风格。

假设你是一个生活在乡村、继承了祖辈传统生活的人，那么生活模式是这样的。

模式 1： 一年 365 天，大概有两个月是繁忙的。春种秋收的大部分工作已经被机器覆盖，你需要决定的通常是使用哪家的服务、多少钱以及使用哪里的种子。在这个过程中，你需要查看庄稼的长势，判断是否需要进行什么处置。平常会通过上网和聚会打发时间。有子女后，会关心他们的教育，但基本上还是要依赖学校的教育。

模式 2： 可能成为主播，以独特的视角截取了田园生活中充满诗情画意的片段，并将其编织成故事，分享给大众。

模式 3： 可能扮演一个在集体中为大家服务的角色，承担着大量协调和沟通的工作，为父老乡亲解决一些各家各户无法自行解决的问题。

这三种生存状态都与农村紧密相关，却偏向不同的风格。现实中的风格远不止这三种，其交叠的程度各异，总是会塑造出一个个不同的个体。

在 AI 的冲击下，这三种风格会发生什么样的变化？

有一种可能是会被折叠。在这里，技艺或许不会创造出比智能机器更多的价值，所以需要和第二种风格相融合。而第三种风格在短期内也许不会有明显变化，但随着科技的不断进步，需要人亲自去做的工作会越来越少。

所有人的风格会趋向于第二种。第二种风格代表了一种更为艺术的生活情趣。

这条路一直走下去体现的正是钱穆经常提到的"性道合一",其中性代表人的本性,道则是一种外在的高远追求。

人的精神和禀赋是无尽的空间,道亦是如此,在时空上近乎呈现为无限的空间。当三者相互激发和塑造时,其产品和应用也似乎进入了无限空间。而在不断深化的过程中,需求天生的多样化和流变会对此形成有力的拉动。

古代中国人经常讲到的"性道合一",在此时可能会真正获得自己的科技和经济驱动力,而不再是单纯的口号。

在之前,"性道合一"类似空想,缺少现实触手和经济呼应,所以无法形成现实的闭环。但现在,智能、经济与"性道合一"已然变成了一个循环。这既是高位自我追求的呼唤,也是站在人类世界边缘处必须具备的状态。

这将会是新文明形态的开端,但确实也会带来适应的痛苦。

据学者研究,不同的古文明都不约而同地出现过一个吞吃自己尾部的蛇的符号。有趣的是,文化的迭代似乎确实如此,我们兜兜转转之后竟会回到起点。

然而,这些似乎与我们现在培养小朋友的某些方式并不相容。有些培养方式最终的导向性并不匹配未来合格的 AI 原住民,反倒是可能导致成长上的弯路。

综合判断缺失

我有时看着自己女儿不禁思考，当她毕业走向工作岗位时，她现在学习过程中培养的能力是不是大概率会被 AI 取代。如果这种情况发生了，她就不再是一个合格的 AI 原住民，反倒可能在工作中经受更多的痛苦。

我们也并非在做题考试之外不探讨各种更合理的方式，可这里的核心问题在于过去我们缺乏一种公平、多样化的综合判断系统。

对商品而言，评价服务好不好相对简单，可以用销量来划分界限。如果商品能卖出去并大致实现盈利，那就是好的。是每个人作为用户的综合判断决定了这种商品到底好不好。虽然这种方法是变化的，也会受到信息不对称的影响，但出钱购买就相当于一种判断的投票。像抖音等平台判断一个视频好不好，用户反馈的权重也是非常大的，比如是否观看超过 2 秒，是否点赞等。

但这样一个简单的方法确实无法用在教育上。核心原因非常简单，在复杂的价值标准下我们难以判断，而判断的困难容易导致公平性丧失。

假如学校的目标是让每一个人全面发展、完整地成长，而不约定具体的成长路径，也不采用分数这种评价方式。那么假设有三个小朋友，一个动手能力特别强，一个很擅长艺术创作，一个则逻辑记忆能力比较好。那么这时需要对三个人分别进行教育，才能达到既培养其基础能力又发挥各自天赋的目标。

这首先会导致过程成本高昂，因为几乎每个人都需要一系列单独的教师。随后，教师们在判断什么是好、什么是不好以及谁好谁不好的问题上会碰到更大的挑战。因为每个人的体系不同，所以很难横向比较。不能准确横向比较，就会使得评定和判断依赖人这一主体，而人的主观评定和判断就容易产生偏差。

现在 AI 提供了新的可能性。AI 支持的虚拟世界具有成本低且丰富的特点。未来，可以在教育过程中大量导入 AI，提供具有差异化的教育体系。当数据充分后，它的评定也会更加公正。这将会为每个人的充分且差异化的发展提供可能性。

越偏向个性的教育化，越能够培养面向未来的 AI 原住民，也就越需要一种新的学习方式。

课堂式学习与进化式学习

我们总是拥有两种不一样的学习方法。一种是牵引式学习，我们依赖于学习、做题、总结，然后再做题、再总结的循环过程。另一种则是进化式学习，似乎更容易使知识与个人有机融合。

我们在工作的过程中，总是在一边犯错、一边纠正中不断成长。每个人在工作中学习技能时，其实与学骑自行车差不多，都是一边摔倒，一边学习。当我们在工作中遭遇挫折又重新站起、不停经历颠簸起伏之时，确实需要回到教科书，一些高深的知识也会派上用场。当这种知识和实际应用连接起来后，它们便真正变成了属于我们自己的知识，再也不会被忘记了。

这种学习方式相对零散，不利于学习像微积分这样的系统性知识，但很适合各种小知识点的分散吸收。

既然后一种方法更好，那为何我们现在仍然以传统的书本教育为主呢？核心问题还是成本。

创造这种实践反馈闭环的学习环境，无论经济成本还是时间成本都太高了。

对于汽车专业的人，我们无法让每个人都尝试成为总工去设计一辆汽车并跑一跑，以此看看自己所学的知识到底怎么用，明确自己学得好不好。

对于计算机专业的人，我们也无法让每个人都构建一个 12306 网站，以应对春运高峰的流量，看看书本里的高并发理论到底能否解决实际问题，以及自己的理解又在哪里存在偏差。

这些成本都太高了。

牵引式学习和进化式学习在过去都因成本高昂而遭遇瓶颈。现在 AI 的发展则提供了改变这一局面的契机。

借助 VR（Virtual Reality，虚拟现实）和 AI 的融合，学生在化学实验中可以通过 AR（Augmented Reality，增强现实）眼镜清晰地观察不同化合物的分子结构以及反应过程；或者在物理实验中，可以通过 AR、VR 眼镜模拟太阳系中各个行星的运动情况。

学生也可以体验不同的历史、文化、地理、自然等学科。例如，在历史教学中，学生通过 AR 眼镜回到古罗马时代，近距离地观察当时的建筑风格，了解艺术、政治等方面情况，或者在地理教学中，学生通过 AR 眼镜游览世界各地的名胜古迹，深入了解不同地区的风土人情。

此外，我们还可以进行各种技能的练习和评估，从而提高学习效率和质量。例如在职业教育中，学生可以通过 AR 眼镜模拟各种工作场景，如开飞机等，进而掌握相关的知识和技能。

更进一步讲，我们可以将所学知识整合在一个实践目标下，让每个人身临其境地学习，并获得 AI 给出的反馈。

对汽车专业的人而言，在 AI 的辅导下，他们可以虚拟地设计一辆汽车，从外形到内部的动力装置，一应俱全。然后，让其以 100 公里或 200 公里的时速飞驰，同时还能虚拟地进行各种冲击测试。

对计算机专业的人而言，随着底层组件的日益成熟，每个人都可以模拟开发一个类似铁路购票网站的程序（此为虚拟程序，因为这类网站需要承担极大并发量，如春运期间），随后在虚拟空间中观察，随着访问量的增加，程序的变化，在 AI 的指导下，顶层的应用逻辑一直穿透到底层的实现原理。接着，人们可以有针对性地进行调整。在这个过程中，与知识的整体认知和细节掌握相关的所有不足之处，都会清晰地体现出来。

这样，场景是虚拟的，但所有其他方面的反馈都被 AI 模拟得与现实无异，这样的 VR 课堂就成为现实可能。一旦 VR 课堂成为现实，牵引式学习和进化式学习都具备了实现的条件。

这种个性化的教育，搭配超强的 AI 驾驭能力，那么未来的人才会真正成为 AI 原住民。

之后的智能世界

从我的角度看，明天的经济生活大致已经可以预见。就如同前面各个章节所描述的那般，与 AI 伴生的智能组织和无人公司将会从根本上改变我们工作与生活的基本方式。

问题是然后呢？之后的世界到底会怎么样呢？

核心在于智能世界以何种形态承载何种供需关系。人类在生活里并不喜欢简单的整齐划一，而是希望更多地彰显个性。我们渴望拥有自己独特的穿衣风格、装修风格、起居风格。

这种个性化的需求与大规模生产供给之间的矛盾持续了近一个世纪。汽车刚诞生时，亨利·福特（Henry Ford）说："顾客可以选择任何他喜欢的颜色，只要它是黑色的。"

也就是说，生产的非柔性约束了个性化需求的释放，压抑了供需双方。

而无人公司和智能组织能够解决这个问题，它们可以帮助我们以大规模的生产效率来完成个性化的设计和生产，让个性得以大规模地发挥却不增加成本。在一个工厂中，如果全部采用多功能机器人，那么这意味着流水线可以随时进行调整。这样，同一时间可以生产出多种完全不同的产品。

到那时候，消费生产过程会与现在大不相同。

用户在购买时不再是选择产品，而是发送自己的想法，无人公司里的 AI 会瞬间生成多种方案供用户选择。后续的制造过程则是按需进行。

如果从黑盒的角度看待那时的工厂，它可能是这个样子：你准备好物料，将五花八门的需求投放进去，然后工厂里的通用具身机器人会在多条交叉的流水线上相互配合，接着产品便生产出来，直接快递给客户。这才是真正的从厂商到消费者的电子商务模式（Factory to Consumer，F2C）。

当所有领域都朝着这个方向发展时，我们就会迎来多点多维的经济循环。随之将会迎来文化的繁荣。

这时候，文明前进的动力似乎完成了换挡。我们不再为基本生活的各种需求所困扰，每个人的文化内涵驱动着消费和经济增长。每个人在差异化中寻找和定义自己，那时工作、生产、生活的核心驱动力就必然发生变化。这意味着经济的原动力发生了变化。此前都是基于爬行动物脑的本能，现在则基于智慧生命的选择。

人们在追求财富，并非在追求自身之外的东西，而是在实现自我。如果一切都按照上述发展，人类无疑会迎来自己的黄金时代，远离贫穷和疾病，获得自由自在。但技术的应用同样存在让未来变差的可能，所以后天的后天，比如 100 年后，人类所需要面对的结局远非唯一。

如果 AI 基础设施由单一公司提供，那么我们可能迎来比现在的巨头规模还大十倍的公司。在财富失衡的前提下，就必须提供大规模的虚拟世界。虚拟世界可以用 1% 的成本提供虚假的满足感，也能构建一种还算平衡的生态。但显然的是，相比前者，这种情况的诡异度还在上升。

虚拟世界大概率会伴生一种脆弱的平衡，鸿沟两岸的人远远相望，虽同为人类却仿佛是不同的物种。

当脆弱的平衡继续向负面偏转，就会爆发更多的冲突，而更多的冲突则会压缩生存的空间，改变生存条件。生存空间被压缩、生存条件被改变后，人们就会开始强化自己。强化自己的简单途径则是成为生化人。想象自己会像电影《阿丽塔：战斗天使》中的改造人那样，将自己的部分身体改造成电锯或轮子，然后苟且生存。在这个时间点，这是每个人都不愿意的，但核心在于要切实避免冲突，避免环境过于恶化。没有人愿意戴防毒面具，但如果毒气太多，那么就每个人都会习惯它。

脆弱的平衡如果还是维持不住，则会进入剧烈对抗，这是最差的结果。我们人类的身体过于脆弱，越来越不匹配我们所掌握的力量以及这种力量所能造成的后果。当我们误操作时，将有能力摧毁食物的基础，甚至有能力将地球变成火星。如果我们的智慧驾驭不了 AI 背后所蕴含的日渐强大的力量，那么很可能迎来我们不希望看到的未来。

我们历经数千年的奋斗，终于让自己具备了开启黄金时代大门的能力，但同时也面临着很多风险。当这种选择权回到我们自身，这时我们自身的特征和价值体系会影响我们的选择，也就进一步预示了结果。

总之，AI 不管多么强大，它都是没有灵魂的，所以用什么样的钥匙打开那扇通往未来的门，在于我们人类，而非 AI。

鸣　谢

就像蒸汽机和电力并不是一个单纯的发明和技术，而是会成为改变社会生活的原动力一样，AI 也同样并非单纯的工具，它的影响甚至可能超过过去所有科技的总和。每当这种科技大事件出现时，总会有与每个人息息相关的现象级新事物出现。在工业革命中，是汽车和高铁；在互联网中，是电商和外卖；在 AI 领域，其中之一正是无人公司。

当你感受到这种趋势时，你就会很想把它表达出来，但因为它将出未出，就会显得模糊，你的表达也就会晦涩。所以，写作这样一本书，需要极多耐心，并经历一个抽丝剥茧的过程。

在这个漫长的过程里，很多师长和朋友给予我莫大的帮助。我要重点感谢这些老师和朋友们。北京大学国家发展研究院王岚导师帮我追溯了组织的定义，侯宏老师、张彤老师向我提供了许多具体的反馈。与陈春花老师的日常探讨也让我受益良多。前同事王悦不但提供了反馈，还帮我绘制了许多辅助图表；王卓然博士给了我很多犀利的批判性建议；王建梁多次试读全文并给予反馈；宋箭、王杰、唐贤钰等朋友都直言不讳地提供了许多建设性建议。AI 碰撞局上的各位分享嘉宾也激发了我的灵感。在此，一并感谢各位的支持。

未来已来，智能同行。

参考文献

[1] 陈春花等.组织行为学 [M].北京：机械工业出版社，2020.

[2] 陈春花.价值共生：数字化时代的组织管理 [M].北京：人民邮电出版社，2021.

[3] 陈春花.组织的数字化转型 [M].北京：机械工业出版社，2023.

[4] 陈春花.管理的常识 [M].北京：机械工业出版社，2024.

[5] 张维迎.重新理解企业家精神 [M].海口：海南出版社，2022.

[6] 赫拉利.人类简史：从动物到上帝 [M].林俊宏，译.北京：中信出版社，2014.

[7] 基辛格，施密特，胡滕洛赫尔.人工智能时代与人类未来 [M].胡利平，风君，译.
     北京：中信出版社，2023.

[8] 霍金斯.千脑智能 [M].廖璐，熊宇轩，马雷，译.浙江：浙江教育出版社，2022.

[9] 托斯.人工智能时代 [M].赵俐，译.北京：人民邮电出版社，2017.

[10] 韦伯.经济与社会（上卷）[M].林荣远，译.北京：商务印书馆，1997.

[11] 安东尼，戈文达拉扬.管理控制系统（第 12 版）[M].刘霄仑，朱晓辉，译.北京：
     人民邮电出版社，2011.

[12] 卡普兰，诺顿.平衡计分卡 [M].刘俊勇，等译.广东：广东经济出版社，2004.

[13] 沃麦克，琼斯.精益思想：消灭浪费、创造财富 [M].沈希瑾，等译.北京：商务
     印书馆，1998.

[14] 稻盛和夫.阿米巴经营 [M].曹岫云，译.北京：中国大百科全书出版社，2015.

[15] 雷蒙德.大教堂与集市 [M].卫剑钒，译.北京：机械工业出版社，2014.

[16] 郭琎.我国中小企业经济运行特点及面临的挑战 [J].中国物价，2020(10)：21-24.

[17] 梁林，刘兵. 科技型中小企业如何在恰当时间获得匹配人才？——基于"聚集 + 培育"双轮驱动视角 [J]. 科学学与科学技术管理，2015（7）：167-180.

[18] 雒永信. 管理幅度的理论探讨 [J]. 上海企业，2006（8）：68-70.

[19] 林汉川，叶红雨. 我国高新技术中小企业的管理创新 [J]. 研究与发展管理，2001（8）：10-13.

[20] 于淼，潘晓慧. ERP 发展历史及现状透视 [J]. 北京工业大学学报（社会科学版），2003(3)：37-41.

[21] 陈晶. 中德中小企业寿命何以相差 9 年？[J]. 中外管理，2014(11)：66.